运动改变大脑

[英] 卡罗琳·威廉姆斯（Caroline Williams）◎著

李毅　张宇　李洋◎译

U0347269

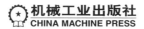

机械工业出版社

CHINA MACHINE PRESS

本书立足于"身体如何改变心智"这一新兴主张，丰富的内容从人类进化的起源一直延伸到神经科学的前沿，包含了大量扎实的研究成果，最终回到对读者有帮助的实操建议。

全书的主要章节分别从行走、力量、节拍、核心、拉伸、呼吸和休息等不同方面，介绍了运动对于记忆、压力、焦虑、抑郁、情绪、智商创造力等诸多心智层面的强大改善效果，帮助我们获取积极快乐的人生，可谓生活在匆忙之中的现代人的必读书。

Move！，Copyright © Caroline Williams，2021，9781788167284.

This title is published in China by China Machine Press with license from Caroline Williams. This edition is authorized for sale in the Chinese mainland (excluding Hong Kong SAR，Macao SAR and Taiwan). Unauthorized export of this edition is a violation of the Copyright Act. Violation of this Law is subject to Civil and Criminal Penalties.

本书由 Caroline Williams 授权机械工业出版社在中国大陆地区（不包括香港、澳门特别行政区及台湾地区）销售。未经许可之出口，视为违反著作权法，将受法律之制裁。

北京市版权局著作权合同登记 图字：01-2021-5282 号。

图书在版编目（CIP）数据

运动改变大脑/（英）卡罗琳·威廉姆斯（Caroline Williams）著；李毅，张宇，李洋译.—北京：机械工业出版社，2022.1（2025.1 重印）

书名原文：Move：How the New Science of Body Movement Can Set Your Mind Free

ISBN 978-7-111-69727-5

Ⅰ．①运… Ⅱ．①卡… ②李… ③张… ④李… Ⅲ．①体育运动-关系-大脑 Ⅳ．①G8-05②R322

中国版本图书馆 CIP 数据核字（2021）第 245011 号

机械工业出版社（北京市百万庄大街22号 邮政编码100037）

策划编辑：廖 岩 责任编辑：廖 岩 李佳贝
责任校对：李 伟 责任印制：邝 敏
三河市宏达印刷有限公司印刷
2025 年 1 月第 1 版第 6 次印刷
145mm×210mm·7.125 印张·3 插页·146 千字
标准书号：ISBN 978-7-111-69727-5
定价：59.00 元

电话服务   网络服务
客服电话：010-88361066   机 工 官 网：www.cmpbook.com
        010-88379833   机 工 官 博：weibo.com/cmp1952
        010-68326294   金 书 网：www.golden-book.com
封底无防伪标均为盗版   机工教育服务网：www.cmpedu.com

献给乔恩和山姆，是你们激励我持续前行

本书的赞誉

令人着迷。

——《女性健康》(*Women's Health*)

威廉姆斯以一种熟悉的晚宴风格写作，用她的故事来取悦客人们。

——《纽约时报》(*New York Times*)

威廉姆斯在这本写作精心、研究专业的书中打出了一个全垒打。

——《书单》(*Booklist*)

在这本写作严谨、引人入胜的作品中，威廉姆斯对我们的运动与思维、感觉之间的联系提供了一个全新的视角，让我们重新思考身体与心灵之间的关系。

——亚历克斯·哈钦森 (Alex Hutchinson)，《忍耐》(*Endure*) 作者

我们的身体是被设计用来运动的，而我们的大脑在不运动的时候是痛苦的。《运动改变大脑》是科普著作的范本：清晰、丰富、权威、迷人，而且非常非常重要。

——盖伊·克拉克斯顿（Guy Claxton），《肉体中的智慧》（*Intelligence in the Flesh*）作者

威廉姆斯揭示了人们如何将思想与身体、身体与运动重新连接起来。

——凯迪·伯曼（Katy Bowman），《让基因动起来》（*Move Your DNA*）作者

我在骑动感单车的时候读到了这本神奇的书！《运动改变大脑》是一本精雕细琢的指南，可以让每个人都更健康！

——查理·恩格尔（Charlie Engle），《奔跑的人》（*Running Man*）作者

一定要读这本书！它将改变你的生活方式，改变你的人生观！

——约书亚·梅兹里奇（Joshua Mezrich），《当死亡变成生命》（*When Death Becomes Life*）作者

如果你想知道为什么锻炼让你感觉这么好，这本书提供了答

案。《运动改变大脑》是对身心连结的一次引人入胜的探索，也是令人信服的运动宣言。

——琳达·格迪斯（Linda Geddes），《追逐太阳》（*Chasing the Sun*）作者

《运动改变大脑》对于大脑和运动之间的关系的解释，是经过充分研究的，不但易于理解，也令人着迷。

——佩妮·勒·库特（Penny Le Couteur），《拿破仑的按钮》（*Napoleon's Buttons*）作者

前　言

　　"听我的，不管你的身体是否想要，现在就加入我们，动起来吧!"

　　星期三，晚上7点半，我来到了英格兰萨里（Surrey）的一个乡村俱乐部，这里即将上演一场颠覆思想的即兴舞蹈晚会，我一整天都在担心今晚会发生什么。

　　门口的保安收了门票钱，就让我进去了。里面很黑，只有一些蜡烛和几盏彩色小灯。有个穿着白色圆领衫和哈伦裤的中年DJ，打着柔和的部落节拍（tribal beats），一个姑娘在跳地板舞，另一个姑娘的动作像是在追一只蝴蝶，一会儿她们就抱在了一起。此刻，我的身体清楚地告诉我，我得赶紧离开这儿，就从刚刚进来的那扇门走。

　　但是，我并没有离开，随着夜幕降临，我的身体放弃了抵抗，开始舞动起来。当鼓点到达高潮时，DJ低声对着麦克风说了句"动起来!"突然，我好像被他"打开"了开关，我发现，我不再能控制我的双腿，而是它们在控制我。我的脚疯狂地踏着地板，头晃来晃去，胳膊停不住地左右摇摆。我觉得我停不下来了，我感觉特别地释放、有活力和自由自在。

　　这是我头一次亲身感受到运动可以如此彻底地影响心智，真是令人大开眼界。不过老实说，这样的生活并不是我的常态。我的生活更多的是安静地坐着，读读书，写写书。我关注的领域主要是了解人类的思考方式，如何去治疗情绪问题和神经症，如注意力障碍、焦虑症、抑郁症。现在想想，这些都只是人类心灵的一些小问题。

但有一天，我突然发现，当我的身体在运动的时候，我的大脑工作效率好像更高。当我散完步回来，我发现萦绕在脑中很久的一个概念，被理解了。写作中杂乱无章的想法也被梳理成了通顺的句子。练完瑜伽一个小时后，我感到非常平静，充满能量，即便之后还有难搞的事情。在厨房里随着音乐跳个小舞，也能让我的情绪特别好。于是，我很好奇运动和心智之间的运作机制问题。

经过一段时间的查阅资料，我发现不止我一个人对这些问题感兴趣。很多科学家都在研究运动是如何影响大脑的，而且研究已经涉及神经科学、细胞生物学、运动生理学和进化生物学等不同领域，大家都在试图梳理出一个生理机制去解释其中的原因。科学家们的发现在理论上有很大的突破，而且对我们如何健康生活、获得幸福感都很有指导意义。

多数现代人每天都很少运动，这种现象已经见怪不怪了。就像我，只每天早上遛一个小时的狗，然后一整天就是坐在办公桌前，顶多就是去厨房倒几次茶。有时候狗狗有兴致会带着我去树林里漫步，这样我的运动量会略多一些。然后就是上床睡八个小时。周末的晚上我偶尔会做个瑜伽，仅此而已。据统计，大部分人的运动情况都跟我类似。一个成年人平均一天 70% 的时间都在坐着或者躺着，我们的运动已经比 20 世纪 60 年代少 30% 了。就算是一个学龄前儿童，一天也有 50% 的时间都在坐着。[1]更别说老年人了，他们一天中至少有 80% 醒着的时间都是不动的。[2]

我们人类这么高级的物种，为什么最终会选择跟树懒一样的生活方式呢？首先，坐着确实舒服！其次，我们用了 100 年去发明各种技术，最终目的其实也是"坐享其成"。人类比其他物种高级的地方在于，我们已经进化到不需要运动就可以找到食物，获得快乐，甚至找到伴侣。更可怕的是，这些事情不光是不需要运动，有些甚至只需要动动手指就能办到了。

然而，当我们头也不回地进化至此后，突然发现，我们丢掉了一些很重要的东西。大脑的进化原本不是为了让我们思考，而是为了让我们更好地运动——即远离危险，趋向收益。而我们的感受、记忆、情绪、事先计划等能力更不是为了思考，而是为了为我们的运动提供更充足的信息。所以说，运动才是思考和感觉的核心。如果不运动，我们的认知能力和情感能力都会严重受损。

的确，当我们感到舒服的时候，内心深处就会出现裂痕。我们久坐不起的生活方式正逐渐让我们的智商下降，[3]失去创造性思维，[4]反社会行为增加，[5]使精神类疾病在各行业、各年龄层蔓延。[6]

研究显示，每天坐着的时间越多的人，自尊水平和亲社会水平就会越低，[7]久坐时间还可以很好地预测人的焦虑和抑郁的风险水平，虽然还不知道两者是因果关系还是相关关系。但众所周知，体育锻炼有助于缓解焦虑和抑郁。所以，我们有理由认为，久坐不起的生活方式，对身心健康是非常不利的。

同样受损的还有认知能力。久坐会导致注意力不集中，记忆力下降，统筹规划能力降低，创造性思维受限。最近一项针对芬兰儿童为期两年的研究发现，久坐时间与标准化数学和英语的考试成绩之间有显著相关关系，在男孩子身上尤其显著。[8]所谓三岁看大，七岁看老，久坐的问题如果在小时候不刻意改正，将成为终生的习惯。[9]

还有研究显示，久坐会使人变老。那些每天坐在车里或电视机前 2 ~ 3 个小时的中年人，精神敏锐度明显比那些爱运动的人差。我们发现经常运动的人可以降低 28% 的罹患阿尔茨海默症的风险。[10]根据最新的估算，全球 13% 的阿尔茨海默症患者在追溯其早年生活时，有久坐不起的生活方式。请记住，只要每天减少 25% 的久坐时长，全世界就有 100 万人可以避免罹患阿尔茨海默症。无论你怎么研究，结论都是一样的：多一些运动，你的大脑会感谢你！

20 世纪 80 年代，新西兰心理学家詹姆斯·弗林（James Flynn）发现，在全世界范围内，人们的智商分数正在以每 10 年上升 3 分的趋势提升，这个趋势被称为弗林效应。[11]但令人震惊的是，由于我们近几十年太爱"葛优瘫"了，我们的智商也在世界范围内有所降低。

从 20 世纪 90 年代中期开始，弗林效应开始放缓，到 21 世纪初，趋势竟然反转了，也就是每 10 年我们的智商水平反而会下降几个点。[12]有研究者提出了不太靠谱的解释称，智商低的人倾向于生更多的孩子，这些孩子智商也低，随着时间的推移，这些人会拉低全国的智商平均数。[13]还有人认为，全球移民潮的增加是罪魁祸首，因为外国人无法理解智商测验题目。[14]最近，一项挪威的研究否定了上述两种看似能自圆其说的解释。研究者追踪了一个家族中的多位年轻男性，这项研究长达几十年，最终发现，同一个家庭不同代际的男性，智商都随着时间而下降。这说明，智商下降不是基因改变造成的，基因的改变不会那么快，而且智商这种复杂现象，也不是单一基因能控制的。所以，这种变化可能就是由环境因素造成的。

或者，再直白点，这种变化就是我们自己"作"的。

缺乏运动并不是近年来我们生活方式的唯一改变，但毋庸置疑的是，久坐不起是一种重要的社会性变化，已经愈演愈烈了，这种情况不仅发生在娇生惯养的西方人身上。2012年的一项研究，对比了20世纪60年代的美国、英国、中国、印度、巴西这五个国家的人民，在工作、空闲、居家、旅游等四种不同场景下的体力活动。最终发现，不光是在空闲时段，人们在所有情境下的体力活动都在减少。下降趋势最快的是20世纪90年代的中国和巴西。这要归因于这两个国家在这段时间的现代化进程，工厂里机器代替了人力劳动，生活中家用电器代替了家务劳动，人们彻底解放了双手。只有印度是个例外，至少在2012年以前，他们的体力活动没有减少，但现在他们的久坐时间也出现了上升的迹象。[15]

光去健身房是不够的

如果你是那种每天都去健身房努力锻炼的人，现在可能正在沾沾自喜。但就现有的资料显示，体育锻炼并不能扭转久坐所带来的损伤。脑成像研究显示，负责记忆的脑区厚度与一个人坐着的时长存在相关性，而与这个人是否会在一天中的某个时间点进行高强度的体育锻炼没有关系。当然，锻炼身体确实可以让人的情绪和专注力短暂提升。但总体而言，如果你上午或下午静坐了4个小时，那造成的损伤就算你骑一个小时的动感单车也补不回来。

运动专家凯迪·伯曼（Katy Bowman）在她的《让基因动起来》（*Move Your DNA*）一书中明确表示，疯狂运动完全失去了运动的意义。她认为短时间的剧烈运动或以锻炼某个肌肉群为目标的运动，就像是吃完了垃圾食品又去吃维生素片一样。那可能会有点作用，但它永远不能给你真正的健康，只会让你饿着肚子去追求她所说的"营养式运动"（Nutritious Movement）。伯曼并没有深入研究运动是如何影响大脑的，但我认为运动滋养对我们的心理、认知和情绪健康很重要，至少是和对身体健康一样的重要。以人类特有的方式移动我们的身体，能将我们自己与人类基本的思考方式、感受方式以及理解周边及内在世界的方式联结在一起。

体育锻炼的话题我们稍后再讨论，现在我们回过头说久坐不起这个更重要的问题。从整个社会的角度来看，我们的运动量是不够的，而我们久坐的习惯是错的，这很悲哀。不过，好消息是，无论你希望如何增益你的大脑，是要学习更好，还是延缓衰老，或是更加灵光，抑或是更好地保障心理健康，运动都能帮你实现。身体的运动可以成为增强我们思维和感受性的捷径。

与常识不同的是，我们的思维并非只产生于大脑，也不是通往情绪的唯一途径。一些身体运动可以帮助减轻身体炎症的发生，还能缓解抑郁和慢性疼痛，另一些身体运动可以操纵大脑—身体的压力回路，从而缓解焦虑情绪，同时提升自信心。还有一些身体运动甚至可以改变大脑中的生物电流动方式，从而直接影响我们的精神状态。所以说，运动做对了，大脑和身体就能平等对话，否则身体就仅仅是装着大脑的皮囊。

我之所以能这么肯定地说这些，是因为很多科学家都在修正他们对身体的认知以及身体与思维关系的认知。以前人们一直认为心智完全是由大脑操作的，大脑坐在高高的宝座上指挥。而身体则是在台阶下干着脏活累活（比如消化、供血、运氧、排泄等），仅仅是维持生命的基础运作，诚然大家也认为身体是我们非常重要的组成部分。但经过多年的科学研究，身体终于摇身一变成了关键，在心智领域可以跟大脑平起平坐了。

就像我们在后面会看到的，其实身体为维持我们生命而做的那些"脏活累活"实际上是在连接各个器官，为它们提供交流渠道。这种交流能为我们的生存提供保障，更会指引我们的思想，丰盈我们的感受。

著名心理学家盖伊·克拉克斯顿（Guy Claxton）认为，大脑不是所有想法或决策的控制者，它是建立一个聊天室，并承担主持人的角色，这个聊天室可供我们的身体与心灵进行对话。大脑的这个特殊任务，也是很重要的。克拉克斯顿说："这个聊天室承载着各种不同维度的信息，交融、碰撞，最终形成一致的决议。"[16]大脑更像是一个说客，而不像一个主人，它负责把重要人物引导到谈判桌前，让每个人的意见都发表出来，并促成一个大家都满意的行动计划。

"行动"这个词很重要，因为它预示着运动。运动的意义在于，它允许我们通过黑客的方式偷偷进入那个身心聊天室，让聊天室内的氛围变得和谐，从而更容易达成一致意见。本书的总体目标就是提出这个新概念，通过最新的科学研究揭示它是如何运作的，最终教你如何利用它。

在本书中，我将拜会的不仅是那些致力于研究关乎身心的生理、神经和激素的科学家，还有很多令人振奋的实践者，他们在现实生活中证明了该理论的价值。例如：一位通过跳舞战胜文盲的心理学家；一位通过马拉松战胜病魔的运动员；一位修正了他对普拉提的错误看法的神经学家；一位通过后空翻帮助小孩子控制情绪的特技演员等，这些都是通过运动来解决问题的实例。科学研究提供了数据，但是这些人鼓舞了我们的斗志，让我们看到，我们真的可以通过一些简单的变化，来改善我们的生活。

最后，无论你是希望让大脑更充分地开发，去感受到更多与他人的连接，还是仅仅希望对你自己的生活更有掌控感。相信我，各个领域的科学都有一个一致的答案：别再久坐不起了！

目　录

第一章　我们为什么要"动"

"我们所谓的思考，其实就是进化了的一种内在运动。"

——鲁道夫·利纳斯（Rodolfo Llinás）

"如果不从进化论的角度去解释，生物学里的一切将无法理解。"

——狄奥多西·多勃赞斯基（Theodosius Dobzhansky）

海鞘的一生几乎是优哉游哉地度过的。幼年的海鞘像蝌蚪一样，出生后很有能量，会在海水里四处游荡，当发现了一块可以栖身的岩石后，它会安顿下来。一旦附着在岩石上，它就开始发育成成年海鞘的模样，头部有鼓包，还有两根像橡皮管一样用来呼吸、觅食的管子，它会轻轻地从一根管子里吸进海水，再从另一根管子里吐出去。随后的一生，就这么悠闲地过下去了。

但这悠闲的一生是要付出很高的代价的。在海鞘的幼年时期，它其实是有一个比较原始的大脑和一根贯穿全身的神经索的。它可以利用大脑和神经游来游去，寻找一个可供生活的好地方并支配身体游到那儿。但是，一旦附着在岩石上，海鞘会吃掉它的整个大脑和神经系统，因为以后再也不需要它们做任何决定或换地方了。

这个奇特的"用后即焚"的大脑清楚地告诉我们，为什么我们要有神经系统。在我们进一步讨论运动如何影响大脑之前，有另一个问题更值得思考，那就是为什么要有那么多的身体—大脑回路存在呢？著名的哥伦比亚神经学家鲁道夫·利纳斯利用海鞘证明了动物最初进化出大脑不是为了思考，而是为了远离危险，在它们朝向更容易生存的地方移动的时候，它们随时用大脑捕捉信息进行决策。利纳斯认为，在没有计划的情况下，运动太危险了。[1]

在进化的过程中，有一个时期，生命在实验：面对严酷的生存环境，神经系统到底能不能让我们更好地生存下去？海鞘算是这一进化时期的缩影。神经系统运作起来太奢侈了。对人类来说，仅占我们身体重量2%的大脑，却消耗着我们身体总能量的20%。回看海鞘，只要它还需要移动，对神经系统的投资就是值得的。但如果它不再运动了，就不再值得了。所以，当海鞘在岩石上安家之后，不再需要移动了，思维运动也就没有必要了，整个神经系统就被它消化了。

在这个有关大脑存亡的进化时期，大多数物种都选择了不光要一生保留大脑，还要对大脑的构造进行精加工。自此，思考就跟行动同步发展了。人类的大脑虽然不算是大脑发展史上的巅峰，毕竟每一个物种都会按照适应其生存的方式，创造性地改造它们的大脑。但就大脑利用这件事而言，人类绝对是一个极端的例子。人类大脑包含的神经元是我们的近亲黑猩猩的3倍，其中有860亿个神经元，它们之间有超过100万亿种连接。所以，人类的大脑确实是全世界最复杂的存在。

之所以能有这么多神经元，主要是因为我们的大脑皮层有很多的大脑沟回，人类大脑皮层的绝对面积比类人猿大很多。随着大脑皮层要处理的信息越来越多，人类需要更大面积的皮层，但颅骨就那么大，唯一一种能把那么大面积的大脑皮层塞进大脑的方式，就是将其折叠成沟回。其他大脑皮层比较小的物种，比如狗、猫、黑猩猩，它们的大脑沟回比人类要少得多。更有甚者，一些老鼠、狨猴（marmosets）甚至没有沟回，它们的大脑光滑得像一只褪了毛的鸡。

有一种解释认为，我们的大脑皮层变大，是为了更好地去思考，比如思考一下我们如何能在复杂的社会中生存下去，或者预测一下我们将去哪儿觅食。后来，我们竟然学会了烹饪，然后，我们吃得越来越多，卡路里摄取得也越来越多，我们的大脑就变得越来越大。这么大的大脑，反过来促使我们能够更好地计划事情，在脑子里翻来覆去地想一些事，甚至能想出一些以前没有的东西。

这虽然是一个很好的理论，但它完全忽略了运动对大脑发展的影响。有一种新的理论，把运动这个重要的因素加入了我们的大脑进化过程中。它认为前瞻性思维的进化不仅是为了在脑子里抽象地计算，也是为了适应不断增长的进化的压力，从而找到更好的办法去行动。这么来看，人类最引以为傲的心理技巧，可以追溯到我们的进化史中，甚至可以追溯到人类存在之前。因为远古的生物也是需要找到新方法来走动觅食的。

2500 万年前，我们和其他类人猿共同的祖先从猴子的进化分支中分离出来。早期的类人猿像它们的近亲猴子一样生活在树上，但它们更大、更重也更笨拙，经常面临从树枝上掉下来的危险。但它们很聪明地解决了这个问题：它们花更多的时间通过曲臂悬垂的方式来提升它们的手臂力量，在比它们小的猴子在树枝上保持平衡时，它们则紧紧抓在上面。这种策略很有效，经过数百万年这样的手臂锻炼（以及一些肩部的改变），它们慢慢进化出了在树上依靠臂力摆荡的能力——即利用手臂在树上荡来荡去，就像今天的长臂猿一样。

臂力摆荡是一种复杂的运动方式。英国杜伦大学的人类学家罗伯特·巴顿（Robert Barton）认为，臂力摆荡需要的不能是一个模糊的行动计划，而是一个百分之百确定的、安全的计划，让它们能从 A 点到 B 点。在树之间安全地摆动需要一边运动一边快速思考的能力，要快速计算运动中的每一个行动的结果，从而决定是否进行——我先用手抓住这儿，然后摆荡 35 度到达那儿……不行不行，一看那个树枝就承受不住我这个胖子，那我还是抓这边这根吧——这些就是它们在运动过程中持续进行的路径规划和运动方案的确定。巴顿在 2014 年发表的一篇论文中提出了他的观点：为了进行臂力摆荡所进化出的新的大脑回路，不仅改善了我们祖先的躯体运动技巧，更为我们人类大量的心理活动奠定了基础。[2]

掌管这种超快运动的神经回路不是在充满沟回的大脑皮层中，而是在小脑中——小脑是一个看起来像菜花形状的小区域。

小脑长在大脑的下方，看起来像是悬挂在大脑下面似的。当早期的类人猿开始在树上摆荡的时候，它们的小脑就开始变大了，它的大小扩大到远远超出了大脑皮层。这种趋势在类人猿进化过程中一直在持续，在人类的进化中更是加速发展。

大脑的回路非常混乱复杂，看起来就像老式电话交换机，而小脑则像是一个被精心打理的葡萄园，小脑内负责快速输入、输出的神经排列整齐，这种结构使得扩张变得很简单。这意味着同一模块的复制、组装可以很快进行，这对进化很重要。

这一发现在如今的生物进化学领域其实不是什么大不了的事儿。人们很早就知道小脑是负责控制精细运动的，所以小脑能够继续扩展去负责一项新的更复杂的运动应该不算很令人惊讶的事情了。

从20世纪90年代末到21世纪初，人们关于小脑的观点也开始改变。人们逐渐发现小脑不仅在运动中起作用，也在人类的思考和情绪控制中起作用。大脑成像技术和全脑神经元的扫描证实了这一点，小脑中许多不断进化更新的"模块"连接到了大脑皮层的额叶，而额叶是负责规划和前瞻性思维的，同时能帮助我们调整情绪反应。这证明了其实人类的小脑只有一小部分与大脑中负责运动的部分相连，其余部分则专注于管理认知和情感。

巴顿的理论认为，当臂力摆荡可以将运动、前瞻性规划和从高处坠落的潜在恐惧联系到一起时（即认知、情绪、行为联系到一起），它就为我们建立循序渐进的思维做好了准备，从理解语言和数字过渡到构建简单的工具、讲个故事，再到解决如何往返月球的问题。还有一种有趣的猜测，一些不太成功的社交活动也可能伴随着摆荡、跌落的感觉。毕竟当谈话变得更糟时，我们会有这种感觉。

顺向思维能力对那些既要求有很好的感觉运动控制又要求能编制一套动作从而达到某个目标的能力，是特别有用的。比如如何织一条围巾或者在下国际象棋时预判后面一系列的步骤。当然，它也可以解释黑猩猩如何掌握用小树枝来捕捉白蚁的一系列动作。巴顿认为"我们通过一系列行动来实现目标的能力，是我们对世界进行因果关系理解的基础"。

人类祖先：怪我咯

除了能用小树枝捕捉白蚁外，其他类人猿并没有充分拓展前瞻性思维这一技能，而人类则将其发扬光大，福泽后代。一个潜在的原因是，当我们的祖先与其他猿类分道扬镳后，就开启了一种与众不同的生活方式。这种生活方式使人类在寻找食物时，会将时间更多地用于在广袤陆地上探索，而不是待在树上坐享其成。对这种新型生活方式的心理需求和身体需求一同将人类带入了进化史上的又一临界点。一旦跨过了这个临界点，人类开始采用新型的运动方式和思考方式，并开始携手合作，以增加本物种的生存机会。由此，让身体保持活跃可以帮助大脑高效工作，这一事实开始变得无可争议。

这里我们有必要提醒大家，进化论本身并没有提前设定好各物种的进化方向。绝非是因为进化论先把我们设定为地球上最聪明最有自我意识的物种，然后人类跟随这种设定进行心智和身体的发展。我们得以"一路开挂"，进化至此，是因为进化过程中的所有改变从一开始就为我们提供了有利的生存条件。每一小步的改变必须从它出现伊始就让人类非常受用，而且它还得时常显现，才能持续提供有利的生存条件。

"用进废退"是自然界进化的普遍法则。但要说到对于运动的生理性反应，该法则尤其适用于人类。众所周知，我们的运动能力，包括心肺功能、肌肉力量等，都与我们自身经受过的训练量息息相关。但并不是所有物种都这样，比如斑头雁这个物种完全没有经过训练就可以每年进行 3000 公里的迁徙，它们拥有更粗壮的飞行肌和更强大的心脏。然而这些生理上的变化并非来自数个月的强化训练，而只是随着季节变化和额外摄取更多食物就自然形成了。[3]这简直是我们梦寐以求的——想象一下你自己在最短的时间里不仅盼来了春天，还能即刻拥有健美的身材，而你只需要吃足够多的比萨就能在夏天来临前成为沙滩上最靓的仔！

然而不幸的是，我们并非斑头雁，除了身体需要锻炼，我们的大脑好像也同样在遵循"用进废退"的进化法则。根据美国南加州大学专门研究人类进化的戴维·雷奇伦（David Raichlen）所言，我们的这一特征可以被追溯到大约 400 万年前，人类的祖先决定不再像其他猿类那样整天坐在树上吃水果混日子，他们终于要开始探索陆地了。

与此同时，东非的气候变得更加凉爽干燥，原有的热带雨林开始蜕变为林地和稀树草原，这也使得食物更加难以获得，从而迫使我们的祖先进入更广袤的陆地觅食。在这种情况下，进化方向变得更有利于那些在觅食过程中能够直立行走或是能远距离跑动的物种。[4]

存活机会更大、更有可能将自己的遗传基因传递下去的物种，不仅要能走到或跑到更远的地方，还要能做出明智的决定，这种明智的决定就包括既要找到最好的觅食之地，还要记得回来的路。大约 260 万年前，考虑到两条腿的物种毕竟跑不过四条腿的物种，我们祖先的狩猎技能初见雏形。至此，我们的祖先不但能在更广阔的陆地上用更聪明的方式觅食，而且还能协同作战、以智取胜，把块头更大的猎物一举拿下。至此，在人类这个物种独一无二的进化史上，是否向更远处挺进和是否更深入地思考，这两个选择压力被正式捆绑在了一起。

按照雷奇伦的说法，我们的生理机能最终就这样被固化下来了。我们开始运动锻炼，大脑就对躯体的活动做出反应从而增大脑容量。[5]大脑中有个地方叫海马体，主要负责空间导航与记忆能力。一旦开始运动锻炼，海马体就要做出反应，反应的方式就是扩充新细胞，特别是那些增强大脑记忆能力的细胞。这种新的记忆能力如果能在之后的觅食狩猎过程中被唤起并使用，那么这个能力就更有可能被保留下来。产生新的神经元只是大脑发育过程中的一部分成果。此外，新能力还会促进我们的大脑生成更多的血管，这样才有更多的养分和氧气输送给大脑，协助大脑工作。

相反，如果新的记忆细胞被弃之不用，大脑就会开启能量节省模式,铲除那些可有可无的构造并且迁移不常用的技能以削减无谓的能量消耗,然后补充到自己需要的技能上。

这样进化发展下来的结果就是,虽然我们最亲近的类人猿亲戚们得以侥幸逃脱,它们没有成为终日坐在沙发上看电视吃薯条的懒人,没有成为不到万不得已都不挪动一下的"咸鱼",没有成为因为自身懒惰而蒙受生理及心理影响的"废柴",但是我们人类,就像开篇提到的海鞘一样,却无法逃脱了。狩猎者及采集者为了生存下去所面临的特殊挑战已经将我们的心理能力与运动水平紧密地联系在了一起。

如果人类想拥有健康的身体和心理,就不能再游手好闲坐以待毙。自从我们的祖先放弃吃树上现成水果的那一天,我们就上了"要运动"这艘贼船。至于究竟需要多少运动量,我们通过研究生活在坦桑尼亚北部的哈扎人发现,那些身为现代狩猎者与采集者的女性每天大概要走 6 公里,男性则达到 11.5 公里,平均每天要走 8000~15000 步。如果把这个作为粗略参照的话,那么无可争议的就是,想要大脑全面运转,就要坚持迈步走远。如果不喜欢这个结论,那么请打开《直立猿人》(Homo erectus)这本书,你会看到这个与人类拥有相同祖先的物种如何走上了悲惨的进化道路。

所幸的是,我们的运动和思维都需要同一种东西去滋养,那就是大名鼎鼎的内啡肽,它可以让体育锻炼变得很轻松,甚至体验到愉悦的感受,即便我们已经很累了,它也能让我们继续运动。但令人担忧的是,如果我们的大脑是用来帮助我们运动的,而我们却不运动，天天这么坐着，那这好不容易进化来的大脑就废了。

当然，现在担心还为时尚早。毕竟人类最厉害的能力就是适应。那么，从现在开始，赶紧从沙发上起来，出去运动，并且适应这种运动的习惯，体验并记住运动的感觉有多美好。

心驰神往

我们很难从进化史上发现，到底从何时开始，运动、思维、情绪之间产生了联系，因为没有什么表面的现象可供观察，它们都发生在我们的脑子里，而不在其他物种的脑子里。但我们确定，它们之间确实有联系，因为我们发现，运动不光可以发生在生理层面，更可以发生在头脑中。

我们不知道其他物种有没有运动—思维之间的联系，但有些证据好像证明了，一些物种也可以提前谋划。2009 年，一只名为 Santino 的黑猩猩在瑞典富鲁维克动物园安静地堆石头，然后，它突然用石头砸游客，看着很像是早有预谋的行动。[6] 灌丛鸦（scrub jay）是乌鸦里面最聪明的，它们会把食物藏起来慢慢吃。在实验中，研究人员会喂它们一些普通的饲料，偶尔给一些好吃的，然后发现，它们好像提前计划好把好吃的储存起来，然后一点一点拿出来吃。[7] 所以有人说，这就是它们具有前瞻性思维的证据，但另一些科学家认为，这并不能证明它们在为未来做准备。看来只有等我们懂乌鸦语后，才能知道真相了。

可以肯定的是，人类是可以重温过去、畅想未来的。这种天马行空的想象能力，心驰神往的能力，绝对是人类特有的本领，也就是鲁道夫·利纳斯所谓的"进化了的内在运动"（evolutionary internalisation of movement）。利纳斯的观点认为，思考和运动本质上是一回事儿。唯一不同的是，运动可以被观察到。

想象能力的优势是显而易见的。与真实的运动不同，想象是虚拟的，没风险的，我们可以在头脑中安全地探索世界，尝试各种东西。情绪也是如此，也发生在头脑中。它促使我们采取行动，去改变那些不好的东西。"Emotion"（情绪）这个词来自拉丁语，原意是"离开"。如果我们可以在真的运动之前，在脑子里过一遍流程，那我们在应对掠食者或竞争对手的时候就有很大优势了，这就是我们能在复杂社会中生存的基础。

20 世纪 60 年代的实验表明，身体—大脑—理解这个循环，必须在现实生活中演练过，才能真正发挥作用。在一个经典的（但令人心痛的）视知觉实验中，研究人员把两只小奶猫绑在传送带上方。[8]小奶猫的任务是每天跟着传送带一圈一圈地转圈，而且它们互相之间可以看到彼此是如何运动的。不同之处在于，一只小奶猫的脚可以接触到地面，并通过向前行走来带动传送带。而另一只小奶猫被装在一个悬空在传送带上方的笼子里，脚不能真正接触到地面，也无法让传送带转动。过了几周，小奶猫都被放出来了。那只脚着地的、可以驱使传送带转动的小猫情况良好，在地上也可以正常行走。但另一只则和实验预测的完全一致，它像一只瞎了的猫一样，无法躲避障碍，也无法在房间里正常行走。究其原因是，小奶猫在早期学习运动的时候，无法将自己的身体运动与外界的变化联系起来，所以它也就无法理解它眼睛里看到的东西。

为什么人能够想象

当然，那只是个实验，现实生活中，运动与内在经验会自动建立联系，然后像导航一样，随着移动，更新我们的位置信息。

我们的意识也是这么运作的，随时捕捉信息，随时储存信息，所以我们的大脑中才会有如此多的感官体验留存。正因这些感官体验的留存，我们得以足不出户，就想象到玫瑰花的芳香，日落的灿烂余晖，拥抱爱人时的缠绵悱恻。但是巴黎笛卡尔大学的哲学家 J. 凯文·奥里甘（J. Kevin O'Regan）指出，那些发生在大脑中的想象主要来源于我们与环境的互动，也就是我们的行为。[9]行为引发的感官刺激会在大脑中萦绕很久，然后，这些感觉就跟身体脱钩，进入到潜意识中，并且不断放大，随着时间推移，在潜意识中变得越来越强烈。正因如此，我们丰富的想象力——即从一篇文章中有所触动或从一件艺术品上有所感动——正来源于：我们的行为和我们与世界的互动，能与世界本身脱钩，进入更深层次，让我们在其他时候也能身临其境。[10]

总之，不管我们有没有事先计划的能力，记住我们在哪儿、做了什么、想象未来、感受当下，这些作为一个人的体验都与我们的行为密切联系。准确地说，都与我们所谓的"心智"密切联系。

心智和身体，谁是主宰？

心智到底是什么以及在哪儿运作？这个问题似乎是对本书非常重要的问题，涉及科学、哲学的庞大体系。

在认知科学家的眼中，心智是大脑的组成部分。大脑就像一台计算机，神经元和神经系统的其他细胞就是计算机的硬件，心智就是计算机的软件。从这个角度来看，身体很重要，但它主要是作为大脑输入信息的来源。全靠大脑聪明的算法，才能破解外部信息，了解到底发生了什么，并决定如何去处理它。

身体服从于全能的大脑，这个观念可能是大多数人所相信的。它甚至反映在流行文化中：在 20 世纪 90 年代的经典电影《黑客帝国》（*The Matrix*）中，智能机器把人类放在缸里长大，以至于大脑每天都在忙于那些直接投射出来的假的现实。当主人公尼奥（Neo）需要学功夫的时候——没问题，装个软件就行了。

研究具身认知的人根本不相信这一点。他们认为大脑不是一台计算机，而是一个网络的一个节点，这个网络不仅包含个体本身，还包含了周围的环境。在这种观点下，如果尼奥没有真正操练过功夫的各种动作要领，他的大脑即便再了解功夫的招式也没用。就像传送带上方那只可怜的小奶猫一样，它不可能把它所学到的东西付诸行动。

人的身体所了解的内容远比我们通常认为的要多。这要归功于我们的"本体感觉"，也就是我们的身体在空间中所掌握的隐秘知觉，我们可以在不撞击其他物体的情况下四处走动，也可以不用思考就调整身体平衡，甚至可以本能地伸出一只手去接一颗马上就要打中我们脸的球。通过本体感觉，我们本能地知道我们在哪儿，我们如何行动，以及我们从哪儿来到哪儿去。

还有一种更神秘的感觉，叫内感受：即检测身体内部生理状态的能力。我们的身体在日夜不停地调整着各种生理指标，从而使我们的身体保持在一个安全的、可生存的范围内。这种被称为"体内稳态"（homeostasis）的不断调整的过程，是一项需要持续运作的任务，而且需要不同的系统管理各自的部门——如心率、血糖水平、水平衡等——同时需要保持彼此信息的及时沟通。这些变化中有一些是我们能意识到的（如心跳加速），而另一些则是我们无法意识到的。然而，南加州大学的葡萄牙神经学家安东尼奥·达马西奥（Antonio Damasio）认为，这些意识不到的变化同样影响着我们的心智。

对达马西奥来说，持续的体内稳态过程，无论是有意识的还是无意识的，都是人类自我意识的核心组成部分，也是自我体验此时此地的核心要素。由于体内稳态的存在，我们可以通过内感受来判断正在经历的事情，体察到自己正处于紧张状态还是放松状态，是疲倦、口渴，还是需要食物。每个人的内感受能力是不同，一个人的内感受能力越强，他就越能对内在状态保持知觉，也就越能随时让自己处于平衡状态——例如，累了就赶紧休息，感觉这人不对劲就赶紧走开。

当然，并不是说大脑没有参与到这个过程中，很显然大脑在我们的心理活动中扮演着重要的角色。但在心智过程中，并不是大脑最终发出指令：大脑的作用是把我们所有的内在体验汇总，这样才能让整个心智系统理解我们所处的状态。脑岛是大脑皮层的一部分，它在大脑一个很深的褶皱里面，大概在耳朵上面一点，它在心智过程中起着极其重要的作用。脑岛将内感受的信息、本体感受的信息以及通过感觉器官收集的信息结合在一起，最终发出一种被神经学家巴德·克雷格（Bud Craig）称为"整体情绪时刻"（global emotional moment）的感觉——也就是一种"我现在感觉如何"的感觉。[11]

"你"存在于哪里

以上种种分析都无法解决"我们的心智到底由什么构成""它到底在哪儿"这些问题。早在 17 世纪，法国哲学家勒内·笛卡尔（René Descartes）就曾高举双手宣称，虽然身体（包括大脑）是生物学意义上的存在，但心智完全是由其他东西构成的，这些东西既看不见，又无法测量。从那以后，这便成了共识：就算心智是由某些"物质"构成的，至今我们也没有什么方法可以去量化它。

现在，许多神经科学家和哲学家甚至佛教学者都相信，我们所说的心智其实是一种幻觉，它是把萦绕在身体和大脑周遭的所有信息统合到"自我"的过程中产生的一种副产品。我们的自我意识是身体感觉和与世界交互体验这两种体验的整合体。

近年来，神经科学家们开始把这些东西统合在一起，并提出了一个整合的解释：心智是一个不断预测我们的身体内外可能会发生什么，并随之采取行动去调整的一个过程。所以，运动并与这个世界互动是理解大脑运作最好的方法。

这就是运动的重要之处。运动不仅可以改变本体感觉，还可以通过身体内部状态的变化，让来自感官的信息和内感受信息产生连锁效应。通过改变我们的化学和物理属性，运动能让我们改变对"整体情绪时刻"的输入信号，让我们对"我现在感觉如何"产生一种不同的感觉。

简而言之，这本书的其余部分就是关于运动与心智的。正如我们将一再看到的，我们完全可以通过运动来进行自我管理，从而达到身体和心智的双重提高。当你通过眼球向外看时，你的"自我"分布于你的身体各处，包括大脑都是自我的组成部分。即便连你这个个体都不存在了也没关系，你的自我仍然在。事实上，大脑、身体和心智同属一个优美的系统。当你运动起来的时候，整个系统会更好。

第二章　行走的乐趣

"所有真正了不起的思想都是在走路的时候发现的。"

——弗里德里希·尼采（Friedrich Nietzsche，1889）

查尔斯·达尔文（Charles Darwin）可是有很多事情要做的。时间回到 1842 年的夏天，这时距离他乘坐小猎犬号航海归来已经过去五年多了，他几乎是在回到陆地的第一时间就已经勾勒出了生命之树的第一张草图，[1]然而随着伦敦越来越喧嚣以及自己的家族日益壮大，他却几乎听不到自己内心的声音了，从而使得生物学史上一个具有变革意义的崭新理论也被束之高阁了。

达尔文的解决之道就是动起来——而且是通过各种招数动起来。他首先将一大家子都搬到了英国一个安静的小乡村里，这样孩子们就可以四处玩耍，而不会像之前那样只能在研究室外的窗根下吵吵嚷嚷了。一到那里，他就着手构建了一个被自己称为"思考小径"的地方——那是一条环绕在家周围的四分之一英里长的小路，经过一片起伏的草场，然后穿过一片密不透光的林地。正是在这里，在这条他每天都走上四五圈的小路上，达尔文最终找到了能让自己提出进化论的思考空间。

今天，当我走在思考小路上的时候，耳边却传来儿子和他朋友叽叽喳喳讨论 YouTube 的声音，我仿佛感受到了达尔文当初的苦楚。但是运动科学的出现也告诉我们，帮助达尔文思考得更清晰的不只是平和与安静的环境，走路也是一种对心理调节有多种用途的工具，它能以非常特别的方式影响我们的心理和身体。反过来，这些变化又可以塑造我们思考和感受的方式。

走路和思考有关联，这很难成为新闻头条，然而不管是弗里德里希·尼采和弗吉尼娅·伍尔夫（Virginia Woolf），还是比尔·盖茨（Bill Gates）和史蒂夫·乔布斯（Steve Jobs），只有当这些天才人物们成了边走路边思考的榜样时，我们才开始探索为什么这个方法如此好用，它又是怎么起作用的。可能更重要的是，科学正在揭示出各种走路方式是如何根据你想要实现的具体内容而在心理上产生具体效果的。

这听起来可能有点荒谬：谁才是真正需要被教授如何走路的人呢？然而生物进化领域、物理学领域和神经科学领域的研究都指出了这样一个事实：多走少跑，成就了我们这个物种的今天。如果我们做得不够，我们就会经受失去心理和情绪健康的风险。并且按照那些动不动就能将智商下降与创造力缺乏联系起来，或是将心理健康下滑与伏案的生活方式联系起来的学者们的意见，我们有太多原因需要重学那些以为自己已经知道的知识了。

真可谓是完美契合了达尔文本人对走路的热衷，步行和思考二者具有紧密联系的第一个证据就来自我们物种的进化起源。

正如前文所说，在发明狩猎和采集之前，我们的祖先每天绝大部分时间都用来晃晃悠悠、溜溜达达、摘摘果子、挖挖根茎，可能再玩玩棍子。就和大多数的现代人一样，他们每天也就差不多走上 3000 ~ 5000 步吧，但和我们不一样的地方在于，这样不会给他们带来什么恶果，因为他们的身体很适合这个水平的饭量和运动量。

然而随着时间的流逝，气候的改变，林地演变为稀疏草原，我们的祖先很难再找到食物，不得不选择走到更远更广的地域去寻觅更多的食物，直到他们产生了一些聪明的小火花，开始想要用狩猎和采集去获取足够的热量来活命。从生存的角度而言，这确实是个好主意，而这也就意味着进化更钟情于那些能走和跑到更远地方的人。我们由此进化出了运动的能力，不管你喜不喜欢，反正直到今天我们的骨子里都还刻着这些基因。

2017 年，南加州大学研究人类进化的戴维·雷奇伦及其同事，亚利桑那大学的吉恩·亚历山大（Gene Alexander），用选择性容纳模型（adaptive capacity model）来描述了这一关系。这是第一次有人揭示了人类进化史与用进废退的成年人类弹性大脑之间的联系。数十年来我们已经知道了身体锻炼才是改善大脑健康和认知能力（包括记忆和注意力）的最好方式，同时也是减少抑郁症和焦虑症患病风险的最佳途径。而现在我们又有了一个锻炼身体的好理由：用雷奇伦的话说就是，我们"通过认知进化成了持久型的运动健儿"。[2]

"通过认知"这几个字眼很重要，因为狩猎和采集不只是体力劳动那么简单：总不能你就吊儿郎当地往地上一杵，然后那些美味的食物就自动滚到你面前等着你吃吧——而且光靠我们这副弱不禁风的身子骨也不可能使用蛮力去打倒大型猎物。所以，人类的狩猎风格就必然是一种有技巧性的脑力劳动，这需要我们能追踪猎物，以智取胜，还需要能预测猎物下一步的活动，要有团队的分工合作，看准时机，小心危险，还要记得回家的路才行。采集则要我们能再次回忆起之前找到的好东西是在哪个地方，要比那些想把你吃掉或者想把你的食物偷走的其他动物更加深谋远虑。

所以啊，我们的生物底线就是要站起来，同时还要运动起来并思考起来。如果不这样做，我们的大脑就会做出一个明智的决定，那就是削减大脑容量来节省能量。好消息是，只要我们迈开双脚坚持运动，就能让我们的大脑保持清醒并持续学习。

开关隐藏在脚下

运用这个理念其实并没有那么难。进化论具备几个独有的设计特征，可以将保持我们双脚的移动与促进心理的提升关联到一起。即使我们中的大部分人已经不再需要狩猎和采集了，可无论你想要实现的目标是什么，这个系统都能帮到你。

在专为人类定制的设计特征中，当然要提到这几类最特殊的物质：能让人感觉良好的荷尔蒙、内啡肽、内源性大麻素，跑步人士的体内这几种物质含量都很高，并且都与运动引起的感觉良好的普遍因子有关联。研究结果已经确信无疑了，我们和其他"擅长运动"的物种一样，在运动时都会生成一些好东西。还有雷奇伦的实验：他将明显更喜欢跑动的养狗人士与不那么热衷奔跑的侦探人员进行了对比，结果发现养狗人士比那些久坐不动的侦探们，身体里具有更多的内源性大麻素。[3]遗憾的是，只是走路并不能为你提供足够剂量的内源性大麻素，除非你让自己走得上气不接下气。只有当你把步速保持在"根本顾不上聊天"的那种强度时，才会体验到那种很爽的感觉。

而内啡肽的获取就容易多了——一般在 20 分钟的快步走之后就可以产生。同样，快步走还能产生脑源性神经生长因子（BDNF），这种生长因子不仅可以促进海马体部位的新生神经元的生长（该神经元对记忆，尤其是空间记忆很重要），还可以增加大脑建立新连接从而提高学习能力的可能性。与此同时，另一种生长因子，即血管内皮生长因子（VEGF）也有助于增加新血管从而起到血管扩张的作用。

这些关联都很好理解，现在也已经成为运动生理学和心理健康学的普通知识了。但对于一些没接触过这些常识的年轻人来说，可能还是会觉得意外。

比如，有谁知道我们的双脚靠着一套内置的压力感受器，和我们跳动的心脏一起为大脑输送了更多的血液？这是一位名叫迪克·格林（Dick Greene）的工程师发现的，他在得克萨斯的石油领域工作了很多年，最终在 20 世纪 70 年代决定将自己的注意力转向人体的管道工程。当时人们普遍认为，即使心率增加后能输送更多血液给肌肉，大脑作为一个整体也不会获得比平时更多的血液，因为我们的血管直径可以自行调节以使血流恒定，从而保护大脑不受血流量起伏变化的影响。这么看倒也说得过去：因为任何时候血液过少都会导致组织缺氧死亡；而如果血液太多又会导致大脑肿胀，从而将脆弱的神经组织挤到颅骨上。

然而格林却怀疑大脑的血液供应可能还有其他的调节余地。但是凭借当时的技术，我们只能测量人体平躺静止时通往大脑的血流量，也就是直接从动脉和静脉进行测量，这种方式无法了解人体运动时的血流是否有变化。于是格林想出了一招，就是采用安装在耳机上的无创超声波来测量脖子上的颈动脉血流量，这种测量方式可以做到连续不间断地采集数据，甚至在被试双脚站立和移动的时候也可以测量。结果正如他所料，格林及其他人发现任何形式的有氧锻炼都能使流向大脑的血流量增长 20% ~ 25%，至少短期内是这样的。

但最重要的是，他发现如果你锻炼身体的时候把全身重量都放在双脚上，则又会使血流量有额外的增长。格林在 2017 年报告说双脚承受体重时会压缩双脚的主动脉，从而增加血液中的湍流并使通往大脑的血流量再度增加 10% ~ 15%。

无论这额外增加的血液是让大脑在当下运转得更好，还是能有长久的好处，格林和团队仍然致力于研究这种类似齿轮润滑的效果，他本来计划在 2020 年开展的研究是测量健康人群在站立、走路和奔跑时的血压及血流量，可因为新冠肺炎疫情的爆发也暂时搁置了。

但有意思的是，他发现了一个人体步伐节奏和心率完美契合的点。在格林的实验中，血流量被最大幅度提升的时候，正是心率和步速刚好在每分钟跳动 120 下和每分钟 120 步的节奏。用和心率一致的节奏来走路似乎能给流向大脑的血流量提供一个稳定又可预见的增量，据格林推测，这个增量可能有助于我们从轻松的高质量步行中获得那种感觉良好的因子。

接下来的文字可能并不会让你太过惊讶，血流量提升最大的时候是在你跑步时，因为奔跑中身体砸向地面，你的双脚每迈出一步就会承受 4~5 个 G 的外力。但是，正如格林在爱达荷山脉徒步的录影带中显示的那样，气垫鞋有可能抵消了我们从奔跑中的获益。虽然这一结论尚需科学研究的证实，但是光着脚跑步，或者穿最轻薄的鞋子跑步，可能意味着你的血流量真的会提升更多。

所有这些都开始让我蠢蠢欲动梦想着发明一种自带节律的脚部按摩仪，从而提升通往大脑的血流量，并由此捞到我的第一桶金。但是其他科学家会跳出来告诉我为什么必须是本人亲自站立和亲自运动才能有这种益处。

原因归结为一个词：地心引力。或者说得更具体一点，是我们把体重加诸骨骼时所产生的生理上的改变，反过来作用于我们的心理。

用骨头去记忆

我们往往认为骨骼只是撑在身体内部的白色干木棍似的东西，但实际上骨骼是鲜活的身体组织，一直都在生长也一直都在分解，默默调节着那些施加在骨骼上——或者并没有直接施加在骨头上的压力。我们之所以知道这些，是因为我们发现，那些不需要为了保持直立和运动而持续对抗地心引力的人们，比如宇航员和长期卧床者的骨量都会快速下降：分解多余骨骼的细胞会比生长和修复骨骼的细胞工作得更起劲儿。很多人不知道，其实骨骼生长不足也会影响大脑。有研究发现，骨质疏松症患者的骨量流失后，其认知能力下降的风险就会增加。[4]宇航员们在太空中经过一段时间后似乎也会出现短期的认知问题，长期卧床休养的人也是如此。

现在人们逐渐意识到，这两件事是由一个奇怪而让人惊讶的事实紧密联系在一起的：我们的骨骼在不断地与大脑对话，而它们对话的内容很大程度取决于我们让骨骼顶着重压移动了多远。

为了搞清楚更多的事实，我安排了与埃里克·坎德尔（Eric Kandel）的见面，他是神经科学界真正的大人物，曾获得过 2000 年的诺贝尔生理学或医学奖项，那是为了表彰其发现了大脑存储记忆的分子基础领域的部分工作。

当我们在 2019 年那个晴朗的秋日于纽约会面时，他距离自己的 90 岁生日还有一周时间。他仍然对记忆研究充满兴趣，但考虑到老人家年事已高，所以大家可能也不会意外，坎德尔先生已将自己的研究重心转向了如何在晚年生活里保持良好的记忆力。从我观察到的来看，他本人在这方面的研究似乎进展得挺顺利。他每周仍会到哥伦比亚大学位于西哈勒姆区的杰尔姆·L. 格林（Jerome L. Greene）科学中心工作五天，那是一座新落成的洒满阳光的建筑，而且他大部分日子都是从家走路 2.5 英里去实验室的。他对科学仍然保持着和以往一样高涨的热情，并且迫不及待地和我分享了他最近对于运动和记忆的关联性研究。

"我喜欢走很多路，"他告诉我，"我还读了很多关于走路的书，之后发现了这样一个事实，就是骨骼是一种内分泌腺，可以释放出一种叫作骨钙蛋白的激素。我在一些实验中将骨钙蛋白注入实验动物体内，（结果发现）这种激素增强了记忆力，也增强了各种智力功能。然后我说，哇，这可太棒了。我总算没浪费时间。"

老先生所看书籍的作者，也是哥伦比亚大学的另一位科学家杰勒德·卡尔桑蒂（Gerard Karsenty），他就在从这座建筑物往北几英里远的遗传学与发展学部工作，他从 20 世纪 90 年代就开始研究骨骼遗传学了，试图弄明白为什么骨骼要积累钙质，以及为什么骨骼是硬的，而别的身体组织都是软的。那时主要的研究对象就是骨钙蛋白基因，这是一种只能从造骨细胞中释放出来的蛋白质——造骨细胞就是负责生成新骨骼的细胞。既然骨钙蛋白是在骨骼新生过程中被释放出来的，那么它很可能就有使身体骨骼更强壮的作用。

事实上，当我到达卡尔桑蒂的办公室想探寻更多原委时，他却告诉我骨钙蛋白啥也没干。"我本来还想着自己能揭开骨骼钙化过程的秘密呢"，他回忆着自己年轻气盛时的野心勃勃，看上去又渴望又可笑，"结果你猜怎么着？人家骨骼压根就不在乎有没有骨钙蛋白。"

卡尔桑蒂甚至动用电子显微镜对那些采用基因工程人为造成先天缺乏骨钙蛋白的小鼠骨架进行观测，结果也一样，那些小白鼠完全健康。但他很快又发现，它们也没有那么健康。开始时，小白鼠们表现出了不同寻常的温顺：被处置时不想着逃跑，被抓到时也不想着扑咬，好像就只是坐在那里对世事变幻淡然处之。然而与普通老鼠相比，尽管这些小白鼠在外表上显得好像很"佛系"，但其实却存在更多的焦虑行为，它们更有可能躲在犄角旮旯而不是像一只真正的老鼠那样去探索新领地。

在给老鼠做的记忆力黄金标准测试中，这些小白鼠也都不及格。记忆力黄金标准测试也叫莫里斯水迷宫测试（Morris water maze），科学家会先训练老鼠在深水池里找到一处水下平台，等到老鼠学会了每次都能找到平台的技能后，就把测试中的水换成不透明的深颜色水，以此来测试老鼠们是否记得安全抵达平台的路径。研究发现健康的老鼠都可以轻松完成，但缺失骨钙蛋白的老鼠就会无从下手，只能毫无目的地在水池里一圈圈打转。而当卡尔桑蒂将骨钙蛋白注射进小白鼠的血液后，所有这些问题就消失了，它们变得和普通老鼠一样聪明伶俐了。

卡尔桑蒂在实验室中进行了 20 年的研究告诉我们，骨钙蛋白是在骨骼生成时释放出来的，但并不是要使我们的身体更强壮，而是要在血液流动时将信息传递给大脑。它通过海马体中专门的受体完成信息传递，海马体是负责记忆的脑区，尤其是负责空间记忆。如果没有骨钙蛋白，就不会产生信息传递，至少对小白鼠而言是这样，海马体和其他脑区最终就会变得比正常情况更小，联结也更少。

显然，老鼠不是人类，但卡尔桑蒂相信这些实验结果同样适用于人类。"骨骼是人类进化过程中最晚出现的器官之一，所以没有什么是只在老鼠骨骼中存在但人类骨骼中却没保存下来的遗传基因，这样看来，我们在老鼠实验中看到的不太可能是误导。"他说。

目前只有很少几个研究是在人体上实验的，而这些研究结果都说明人在中年以后血液中的骨钙蛋白水平过低与认知测验的成绩不佳之间存在关联。一项最近的研究发现，那些患有阿尔茨海默症的病人，其骨钙蛋白的水平格外低。坎德尔和卡尔桑蒂两位都在独立开展着进一步的人类研究，卡尔桑蒂致力于研究神经退行性疾病中的骨钙蛋白水平，而坎德尔则致力于研究记忆与骨钙蛋白水平在血液循环时的变化这二者之间的关联。

对于我们当中某些年龄段的人而言，坏消息是人体血液中骨钙蛋白总量分泌的高峰期是在成年早期，然后女性从 30 岁开始，男性从 45 岁开始，分泌量就慢慢下降了。坎德尔将其看作是一种征兆，虽然让骨骼承受重量是在任何年龄段都必不可少的，但特别是从中年开始，"运动至关重要，并且随着年龄的增长，运动变得更加重要"。

一个未知因素是究竟需要多少运动量才可以真正提高你身体里的骨钙蛋白水平。就卡尔桑蒂而言，他不相信我们大多数人能完成这种挑战。"理想情况下，如果你从 30 岁开始每天都坚持锻炼身体，那你就会拥有更多的骨钙蛋白，但不太可能每个人都能做到这样"。此外，他还说到，骨钙蛋白这种东西只能保持几个小时的高水平，之后就会恢复成与年龄相匹配的基线水平。要想保持记忆力，他认为服用骨钙蛋白的药片可能会是一个更便捷的办法，特别是对那些不太能运动的人士们而言。

但除记忆之外还有别的。骨钙蛋白还会和肌肉对话，让肌肉释放更多燃料用于运动。事实上，骨钙蛋白就很像是一个多功能的激素，它会告诉身体是时候一边思考一边运动了——有更多证据表明人类天生就是认知型运动员。"运动是一种求生功能，它既需要肌肉在奔跑时发力，也需要知道自己跑向哪里，而后者就是认知。这些功能都是相互连接的。"卡尔桑蒂说。

我们的骨骼除了进化成一副脚手架的样子外，为什么还要进化出擅长记忆和运动的特征呢？卡尔桑蒂认为这些全都是因为我们巧妙的心身策略，而这种策略之所以被发展出来是为了帮助我们逃离危险。在近期通过小白鼠所做的一系列实验中，卡尔桑蒂团队证明了骨骼中释放出骨钙蛋白是战或逃反应的一个重要部分。他们发现，当大脑识别到危险的信号时，骨钙蛋白就从骨骼中被释放到了血液里，然后通过血液循环，在给身体加速准备逃跑的同时关掉"休养生息"的那部分神经系统。[5]

我们通过获取骨钙蛋白而使记忆力飙升其实也都是因为求生欲。它帮我们记住了每一次危急关头的经验教训，好在下次出现危机时所用。额外的好处就是我们可以不去体验危机过程中的恐惧情绪，而是选择让骨骼直接绷紧：至此，其在心理上的益处已经尽数体现了。

说到旁门左道，如果你想要提升骨钙蛋白的水平，其实还是有其他招数的——也不是非得要运动或是感到害怕。研究证实，年轻小白鼠的血液可以增进老年小白鼠的健康和脑力。结果2016 年硅谷有一家叫 Ambrosia 的初创公司背离了这项研究的初衷，竟然开始售卖 16～25 岁青年的血液给 30 多岁的人，输一次血要价 8000 美元。[6]

2016—2018 年间，这家公司进行了一项内部临床追踪试验，号称追踪试验显示那些 30 多岁的人在输入了年轻人血液后，其血液中的癌症标志物、阿尔茨海默症标志物和炎症标志物都减少了。这些发现从未在任何科学期刊上公开发表，其追踪试验方法也广受批判，因为参加的人都要支付 8000 美元的费用，且并没有设置安慰剂对照组。2019 年 2 月，美国食品和药品监督管理局发布了一则警告，反对私人公司进行血浆输注的售卖，声明说"尚无可靠研究表明年轻献血者的血浆具备临床有效性，且该操作存在安全隐患"。[7] Ambrosia 公司之后暂停了该项业务，但在2019 年又悄悄死灰复燃，将输入的血液改为由血库提供，而不再是由年轻的献血者供血。[8]可是血库中的血液并不能保证一定来自年轻的献血者。根据美国血库协会的数据，美国献血者的平均年龄是 30～50 岁，而其中有 16% 的献血者年龄都超过了 65 岁。[9]

还是让我们回到科学的世界吧。如果在小白鼠身上发现的效果确实能在人类的身上实现，那么年轻人的血液中究竟含有什么神秘成分呢？这个问题仍然困扰着我们。卡尔桑蒂推测骨钙蛋白可能就是这个问题的答案——至少在小白鼠身上是正确答案。如

果你把没有骨钙蛋白的血液给了年老的小白鼠，也就没有青春不
老药的魔力显现出来。

那么让骨骼承重是否就能帮你在变老的时候保持记忆力和良
好心情呢？如果承受重量是好事，那么通过脚踝负重或者举杠铃
的方式额外增加更多承重是否会对我们更好呢？我们无法确定，
但是综合来看，不向地心引力屈服是明智的决定，哪怕有一线机
会，我们也要为享有一个幸福健康的晚年而奋斗，因为有越来越
多的证据表明很可能真是这样。

跑得够快，就能逃离抑郁

我们把生理学暂且放在一边。走路和跑步之所以能改善心理
健康状况的另一个原因是，它能暂时改变你看待世界的窗口。不
管你是走路、跑步还是通过其他发力方式来移动，都存在一个无
可逃避的事实，按字面意思说就是，你正在抵达一个地方，而这
又可以转化成一种有形的进步感。

马库斯·斯科特尼（Marcus Scotney）在 25 年前偶然发现了
这一原理，公平点说，是将其推向了极致。在青少年时期经历了
与抑郁症的抗争后，他发现唯一能让自己感觉好点的事情就是朝
着山野奔跑，然后越过山丘，再回到另一面山脚。他也变得相当
擅长此道——他如今年过 40，已经成了一名超级马拉松的专业
跑者和教练，并于 2017 年在总共持续 5 天、长度 188 英里、横
跨威尔士山脉的龙脊比赛中夺冠，该项赛事以让最强悍的勇者望

而却步而闻名。可他却在 40 个小时之内完赛，创造了一项新的赛事纪录。

在英国 8 月的一个大热天里，我们约在山顶区越野公园里的停车场见面。这算得上是一种老友重逢了，因为我和马库斯从 5 岁就在一起上学直到 18 岁毕业。我们并不是那种特别亲密的朋友，但作为在学校里不是特别酷的人，我俩之间有种惺惺相惜的感觉（我上学的时候身材矮小满头卷毛，他上学时则是瘦得皮包骨还顶着一头姜黄色的乱发），见面打招呼时我们抱了个满怀。

我用了所有我能想到的借口来避免跑步，但他都不接受。"我需要对你进行采访，"我说，"我没法在和你说话的时候还一边跑步。"

"如果你跑步的时候无法说话，那就是你跑得太快了。"他回答。

"我不确定咱俩跑步的步幅能一致。"

"其实我跑步的步幅很小。"他说。

好在我们碰面那天他正在为备战环勃朗峰超级越野赛而逐渐降低训练强度，那是世界上另一项艰巨的山地马拉松，有 106 英里，要穿越阿尔卑斯山脉。所以我们用徒步代替了跑步。

离我们上次见面有 20 多年了，他更像是一直在旅行。从学校毕业后，他有几年一直在和多种物质成瘾做斗争，包括吸食 A 级毒品，也包括暗地里贩毒。直到他被一个敌对贩毒帮派揍得血肉模糊后，这样的生活才终止。他为自己给医生列出的一长串毒品使用清单而惭愧，于是他搬回了父母家居住，让自己回归正轨。难以置信的是，在经历了这些之后，他还坚持跑步。在被帮派痛扁之后的第二天，他带着骨折的下巴、用金属丝固定在一起的牙齿和"不要用力"的医嘱，花两天时间跑完了自己的第一个山地马拉松。

又过了几年，他适应了有婚姻、有孩子、有工作的相对平静的生活，先是作为一名户外运动教练，然后又成了一名教会牧师。他不停地跑步并代表英格兰和大不列颠参加了 50 英里及 100 英里的马拉松比赛。之后，当他成为赛跑圈里的顶级选手并快要被任命为神父的时候，一连串个人挫折导致了他的精神崩溃。

马库斯成年之后的那十年经历，光是听着就很糟心了，可是马库斯却说，在他们这项运动圈子里，自己这样的故事并没什么大惊小怪的。"在超级越野圈里，这些就算是陈词滥调了，因为很多人都是带着精神问题从事这项运动的，"他说，"我们都想远离一些东西。"说这话的时候他大笑着，但我不认为他在开玩笑。"如果你跑步跑得足够久了，你就会觉得自己离那个东西足够远了。"他补充道。

心理学中对于空间前移的研究支持了这一点。一些实验表明实实在在地向前移动也可以转化为一种有形的进步感，而这又能对我们如何感受自我和感受生活产生巨大的影响。

根据乔治·莱考夫（George Lakoff）和马克·约翰逊（Mark Johnson）这两位具身认知之父的说法，我们对世界的理解以及我们描述这个世界时所使用的语言，与我们身体的几何结构和运动方式密不可分。比如，我们形容成功人士会用"高高在上"，而我们描述糟糕的一天会说"我觉得很低落"。当你"跨越"了一个生命中的难题，就代表你在"继续前进"。[10]

与此一致，心理学家已经发现个体的运动方向会影响这个人的想法。向前运动会激发和未来有关的想法，而向后运动则引发对过往的回忆。[11]这种运动甚至都不必是真实的身体运动——志愿者在实验室环境中观看星空景象，观看画面分为向前推进和向后移出两种景象，后来研究者又要求志愿者们闭上眼睛想象自己朝着某一个方向移动，结果发现仅仅是这样的运动景象暗示就已经能引导他们思考的内容了。

研究还表明，向前运动会扭曲我们感知时间的方式。大多数人（至少在西方文明中是这样）是按照一条想象中的时间线运动的，即过去是在我们的背后，而未来是在我们的身前。但是实验结果发现，当我们运动的时候，这条时间线被拉伸并且被扭曲了，所以我们会觉得过去离自己更远了。有一个令人印象深刻的低技术含量实验，要求志愿者们从一个起点位置开始（在地上贴个破胶布），朝着另一边走过去（往前几米远摆个黑色水桶），然后询问他们过去发生的事件或者未来的事件看起来有多远。[12]

我们在躯体向前移动时会感觉离过去更远，这一点很重要，因为罹患抑郁症的一个主要风险因素就是想要反复斟酌已发生过的事件，病人会陷入这样一种怪圈，即过度分析自己以往说过的话、做过的事、经历过的种种，可是越分析越觉得沮丧。而躯体向前移动就可以让你感觉糟糕的事情好像都在身后远离了你，从而帮你规避患病风险。

马库斯绝对就是这样。"当你在和抑郁症斗争的时候，会有一种想当然的想法：当人们说'我懒得动'的时候，那待在原地不动就是他们想要的。但实际上，你抑郁时的感觉就像是虽然被拴在了椅子上，可其实你很想离开。"他说，"跑步给了你这样一种感觉：我在这里，我能跑到那边去。向前运动给了你力量，让你知道自己有能力往前走。"

当然，患上抑郁症的其中一个问题就是，当你粘在椅子上的时候，别说去跑步了，就连找到释放自己的动力并最终动起来，可能都是一件非常困难的事。所以，药物治疗至少可以先为一些人提供开始的动力。在最近的一项研究中发现，自发运动的增加可以作为抗抑郁药起效的良好指标。[13]

还有证据表明，抑郁的人和不抑郁的人走路不一样：抑郁的人走路更慢，不怎么摆动双臂，走路姿势很颓废，眼睛是看着地面的。[14]看起来像是抑郁症而不是别的原因造成的走路差异——而且我们还发现，走路风格的差异可以改变人们思考的内容。当被试在实验中以一种充满活力、步伐雀跃的风格走路时，就可以从满是情绪的词汇表里记住更多开心的词，而当被试按照要求慢速走路不得雀跃时就会记住更多消极词汇，他们甚至并不知道自己做出的动作是属于"抑郁型"走路风格还是"开心型"走路风格。[15]

有意思的是，越野跑者不像公路跑者那样在平地上艰苦跋涉，而是像个橡胶球那样迈着更小的步子在自然界的地表上弹跳着前进。这或许可以解释为什么当马库斯最终说服我一起跑下山、跑回停车场后，还在咧嘴大笑。"想象地面上铺满了热煤块，你可不想在上面踩太长时间。"他说。"那我应该要跳起来吗？"我问道。"对啊！"他说着就在我前面蹦跳着下了山。"但可能在100英里的最后也不太能蹦跶起来了……"他的声音从远处隐隐飘来。

解放创造性思维，回归童年

一个冷知识：很少有人知道查尔斯·达尔文的整个成年期都在和身体疾病与心理疾病做抗争，想必他每日例行的保健散步还是有所帮助的。根据他儿子弗朗西斯（Francis）的书面证词，虽然达尔文没有完全符合越野跑者那种蹦跳着前进的风格，也没有精准匹配每分钟120节律的步速和心率，但他却会在那条思考小径上漫步、摸着胡子、看上去正置身于自己的世界里：

当他踱步时……他用那根沉重的铁头步行杖杵着地面，发出那种令人熟悉的有节奏的嗒嗒声，仿佛在说，他就在我们身边。[16]

那描述听起来可不像是一个在热煤块上跳舞的人。不过达尔文风格的走路也有一些它自身独特且重要的、与心智相关的益处，可能也正是这些益处帮他以一种其他人前所未有的方式去解释地球上的生命。现在有越来越多的证据表明，如果我们能像达尔文那样，边运动边沉思，就可以帮助我们产生更具创造性和原创性的想法了。

创造性思维是我们人类喜欢宣告自己独有的技能之一，但一个令人难过的事实却是，只有很少的人发现创造性思维能自己生成。至少在成年期无法自发生成，而这一时期又恰恰是我们用到创造性思维最多的时期。

问题的根源可能在于大脑及其运作方式，在给信息往来的聊天室做主持人期间，大脑根据以往经验预测接下来可能发生的事情，同时会将自己已有的先入为主的价值判断揉进来。这个过程有助于人们加快做决定的速度，但在根据身体其他部位的信息不断更新自己预判的同时，也降低了人们收获惊喜的可能性。这一功能主要落在了前额叶皮层的身上——它位于前额部位，是大脑中负责逻辑、思维和冲动控制的部分。

当你在超市里有想玩购物车的冲动时，当你想在全体大会上说些不合时宜的话时，当你过马路想闯红灯时，就是这个脑区跳出来告诉你不要犯傻。这在各种情境下都是个很有用的特质，替我们节省了很多时间，避免了可能的社会性尴尬。但缺陷就是，它也对我们的金点子做了同样的事，砍掉了那些虽然有点离谱但可能真的管用的想法。

这些脑区直到成年早期才会完全与大脑其他部分连结在一起，这也解释了为什么小孩子拥有天马行空的创造力，以及青少年普遍控制不好冲动情绪的原因。而一旦大脑完全整合好，就会像众所周知的"黑匣子"一样运转，人们跳出这个黑匣子去思考就变得难上加难了。

虽然困难，但也不是没有可能。有很多事情都能暂时减少前额叶皮层的活动（即保持额叶低功能状态）——这其中很多都包括了运动。

好消息是，不管什么时候，只要你用自己感觉轻松的速度动起来，你的前额叶皮层的活动性都会暂时下降，这可能是因为大脑将血流重新分配给了负责运动和导航的脑回路，同时减少了负责"思维"区域的供血。既然前额叶皮层的工作是将想法和记忆的数量精简到最敏感和最明显的范围，那么稍微缩小一点"黑匣子"可以让心智不被限制而自由翱翔，从而有可能趁着在"聊天室主持人"还没来得及插手否决尚未成型的点子时，就建立出新的联结。减掉这一层过滤器就可以获得更广泛的选项了——也就是让你能接触到一些原来可能根本不会考虑的主意。

前额叶皮层的另一个功能是将我们的注意力指向一个特别的目标，并在我们思索解决方案的时候将注意力保持在目标上。荷兰社会心理学家戴克斯特豪斯（Ap Dijksterhuis）研究发现，在应对某些问题时，这种目标指向型的、直线型的意识思维方式其实是我们着手做决定时最糟糕的方式。[17]意识思维调动的是工作记忆，工作记忆像是一种心理上的便签本，是我们在运行它想要得出结论时临时放置信息的地方。这是一种高度依赖于前额叶皮层的技能，且有一个短板：工作记忆的容量被限制在 7 ± 2 个组块信息。如果有超过 7 ± 2 个组块的信息出现，我们就开始丢三落四，顾了这头又顾不上那头。

戴克斯特豪斯认为，如果问题中包含了超出工作记忆能处理范围的更多运动部分——就像达尔文所为之奋斗的那样——如果能在等式中将意识思维完全去掉，那我们其实会做得更棒。这样，他的"无意识思维理论"，就是从对一个问题的思考中分神反而是让无意识的加工过程投入了这个问题。并且既然这种思维不会被工作记忆中有限的组块数量所限制，那它能够随时考虑到的方方面面就会更多。然后，当一种解决方案自己闪现出来时，答案就会突然进入到意识里，成为一瞬间的顿悟，或是铸造灵机一动的"啊哈"时刻。

戴克斯特豪斯在实验中要求志愿者研究几个不相同的公寓细节，所有这些公寓都有许多优缺点。一组被试在做出最终决定之前有三分钟的分神时间，而另一组被试要直接给出结论。最终有三分钟分神时间的那些人比直接思考问题的人做出了更好的选择。[18]

不是每个人都觉得无意识思维比直接思维更好，甚至有人都不相信真的存在无意识思维。无意识思维的问题就是具有这种思维的人自己并不知道它的存在，而这也使得它很难被测量。但不管是什么原因，有充分的证据表明，短时间的额叶低功能状态不仅能让人从压抑的沉思中得到些许喘息，还可以通过采用走神式思维，而为平平无奇的解决方案提升创造力。我们之所以知道这个是因为堪萨斯大学的实验表明，如果前额叶皮层的活性被一种叫作 tDCS 的大脑刺激物暂时抑制住，那么志愿者在思考日常用品新用途的任务中，其富有创造性的金点子数量就会翻倍，而且，完成任务的时间也更短。[19]

2016 年我去堪萨斯大学访问的时候还亲身参与了这个实验。当研究负责人伊万杰丽亚·克雷斯库（Evangelia Chrysikou）把我的头塞入连着一块 9 伏电池的 tDCS 机时，我感觉自己的注意力飘到了半空。之后有各种日常用品呈现在我面前，要想出它们的新用途对我来说简直小菜一碟。多么显而易见啊，飞镖盘可以给你擦脚用，用立起来的金属片刮掉鞋上的泥巴再合适不过了，所有人都会同意用天鹅绒抽绳袋来擤鼻子，这可比用纸巾卫生多啦。[20]

但你并不需要接上一块 9 伏的电池才能享受到这种创造力的大爆发。斯坦福大学最近的一项研究确认了达尔文 100 多年前就已经发现的事情：通过走路可以达到非常类似的效果。[21] 研究人员的一系列实验也是让人们对司空见惯的日用品想出一些不同寻常的用途，志愿者有时是坐着完成实验的，而有时是边行走边完成。此外，有时他们是在室内或坐或走，有时则在室外。结果显示，与坐着不动相比，走路使人们对老物新用的创造力增加了 60%。如果他们在走路之后坐下来，则走路产生的效果会顺延下来，所以他们之后也能在一小段时间里更富有创造性。"在头脑风暴之前先走上一会儿应该会有助你提高效能。"研究人员推测说。

这项特殊的研究发现，人们在哪走路其实无所谓。看着光秃秃的墙壁走在跑步机上和去户外行走的效果没有多大差别。但也有证据提出了不同的观点——在大自然里行走会更有促进效果。[22] 另一项研究发现在自然界的时光能起到一种类似重启我们注意力按钮的作用。但是不管你在哪走路，能把心神调整到良好状态才是最重要的，而以自己感觉舒服的步调缓步前行，似乎是达到这一目标的体验性最好、最有效的方式。

综合来看，世界上最爱用脑思考解决困境、提出新方法的一帮人都把更多时间花在了伏案沉思上，而不是花在漫步山野田林中，这就很麻烦了。而且就算在普通人群或一般用脑人士中，现在也很少有人会为了散步而散步了。（根据一项最新调查，有17%的人外出散步是因为没什么别的选择，其中包括需要外出遛狗的人）[23]与此同时，一群经济学家已经为我们敲响了警钟，那就是人类创造性的思想正在随着岁月的流逝越来越枯竭。是巧合吗？或许吧。但这似乎也是一个值得我们正视的问题。在为美国的非营利组织——国家经济研究局所撰写的一篇论文中，他们指出，尽管几十年来的研究投入是逐年增加的，但同样研究的成果产出却是在减少的。[24]

小孩子是这个星球上与生俱来最有创造性的生灵了，这是因为他们年龄尚小所以前额叶皮层还没有完全发育好，可如今甚至连孩子们似乎都在失去他们的这一优势。威廉 & 玛丽学院位于弗吉尼亚州威廉斯堡，金庆熙（Kyung Hee Kim）是该学院的心理学家，她在 2011 年曾比较了从 20 世纪 90 年代到 21 世纪初的创造力标准化测验分数。结果令人震惊，她发现这期间人们的创造力分数在显著下降，特别是年幼的儿童下降明显。更新的此类研究表明了这种下降趋势还在愈演愈烈。金教授将其主要归咎于现代教育的测验强迫症。当然，考虑到运动能够增强大脑的创造性水平，也考虑到改变个体行为要比改变教育政策更容易，她认为现代人的生活方式也在其中起到了不好的作用。

"伏案久坐的生活方式不断增加,这是导致创造性思维下降的一个因素。"她在邮件中还指出,被动玩耍日益增多,比如挤占主动玩耍时间而去看电视和玩电子游戏,这不管在家还是在学校都成了一个很严峻的问题。

她认为做什么样的活动无关紧要,不管是走路、跑步或是玩过家家,只要你动起来就能以某种方式帮助想法涌现出来,而如果你一直坐着不动就永远都不会有创造性思维。"创造性思维能被身体活动激发出来,走路、跑步或主动玩耍都可以激发。"她说。

帮助人们停止继续变糟的方法,就是让每个人只要一有机会就迈开双腿向前走,以任何觉得轻松胜任的速度都行。如果不太可能行走,或者你更喜欢骑车、划船等运动,那就用其他的方式向前行进也可以,只要你做了就多少会有收获,只要你做的时候能让自己不觉得是在刻意运动,你的大脑就能得到放空。理想的情况是,你在熟悉的地方一个人做这些,你的思绪得以转换,自由飘荡,最后收获一个闪亮的新点子。真的就这么简单。

嗯,差不多是这样吧。关键是这些在额叶低功能沉思时所产生的念头,其品质很大程度上要取决于最开始那里有什么,而那又取决于沉思者的经验和记忆。

记忆被存储在分布广泛的大脑网络中(声明一下,记忆也存储在身体里),这就是为什么一个回忆能立刻勾起其他记忆,就像多米诺骨牌一样。因为每个人的生活经验完全不同,所以造成了每个人的记忆网络都不一样。据斯坦福大学的研究人员所说,这样的好处就是，只要人们能暂时关停自身的过滤器，那每个人都能利用自己独一无二的知识和记忆网络来获得灵感。而当"啊哈"时刻到来的时候，那些看似毫无关联的事情就以那么显而易见的方式突然匹配在一起，以至于你简直不能相信之前竟然没人想到过这些。他们可能没这样做过，因为他们不是你。

这个世界从不缺少需要创造性解决方案的难题：气候变化、饥荒、战争、全球性流行病、衰老、种群瓶颈、资源有限等问题，这些你想得到的，很多都是让人类头疼的问题。

这里的重点是，如果达尔文的下一代把时间都花在整天闲坐和盯着眼前的屏幕上，那他们将很难触及自己的思想深处。我们之前已经了解过步速与心率同步之后的情绪提升效果，骨源性激素的记忆保护能力，以及身体在空间中向前移动的心理受益，这样想来，当你要想思考点什么的时候，坐着不动似乎突然就成了其中最糟糕的思考方式。

运动改变大脑：用上你的双脚

- **时机合适**：大步流星地轻松健走，把你的步速和心跳同步为每分钟 120 的节奏（即每秒迈出 2 步），使得流向大脑的血液得到微小但已足够显著的增加，或可有助于在锻炼中形成感觉良好的因子。

- **出去一下**：心理学研究已经表明，如果在心理上产生了向前方空间的运动，会感觉到与过去拉开了距离，从而可将思想指引向未来，并远离抑郁性思维反刍。不管是用两只脚，还是用两个轮子或其他方式，总之，走出去，动起来。

- **游荡着思考**：用一种自己感觉能让思考中的大脑慢下来的速度去走路或者跑步，让自己的思绪以能促进创造力和问题解决能力的方式神游一番。可以在开会之前用这招来做心理建设。

- **对抗地心引力**：在骨骼上施加重量可以刺激其释放骨钙蛋白，这是一种能提高记忆力并能预防伴随年龄增长而出现大脑衰老的激素。你还可以背个包包做负重练习（或者在包里放点零食）。

第三章　身体强健，则心智健康

"身体力量是身体机能的外在表现。"

——琼·巴雷特·霍洛韦（Jean Barrett Holloway）

特里·克瓦斯尼克（Terry Kvasnik）从三岁开始练体操，然后紧接着跳霹雳舞、练武术和跑酷，他花了二三十年的时间来实现自己在伦敦西区和太阳马戏团当一名杂技演员的梦想。但他之前所有的训练似乎都是为这一刻而准备：那天，当他骑着摩托车以每小时 40 英里的速度追尾一辆汽车时，他所有的梦想本来可能在那一瞬间就都结束了。但是谢天谢地，那一刻他知道该如何去应对，至少他的身体做到了。

他自己描述说："我的身体好像在那一刻说'特里，你闪开，这交给我吧'。而我仅仅是意识到我需要翻个跟头，然后我就做到了。"当时，他蹬了一下摩托车，然后跳起跃过了汽车，在地上滚了几圈后，在离摩托车残骸大概 10 米的地方站住了。直到那一刻他才紧张起来，转过身坐下来，自言自语道："天哪，刚刚发生了什么？"

事故导致了他轻微脑震荡、胸部软骨撕裂，膝盖也受到了重创，但他能活下来就已经是一个奇迹了。讽刺的是，他搬到发生事故的洛杉矶原本也仅仅是为了找一份特技演员的工作。他笑称："我经常认为是我的潜意识试图让我成为一名特技演员。"

克瓦斯尼克可以说算是一个相当专业的运动爱好者。但无论你是可以跳车的杂技演员还是一个普通人，我们都应该具备在必要时能够拯救自己生命的身体力量和敏捷性。许多心理学的研究证据表明，当我们在艰难的生活中挣扎时，拥有从困境中脱身的身体技能也会对我们的心理能力的发挥和情绪的调节有很大的作用。换句话说，成为你身体的主人可能会帮助你成为你心灵的主人。

早在 1988 年，一项针对十几岁女孩的研究表明，通过十二周的力量训练就可以将这群女孩的身体力量提高 40%，同时这也增强了她们对自己"生活总体效能感"的信心，还提高了她们解决一些和身体对抗无关的社会冲突的能力。作为这项研究的主要发起人，举重爱好者琼·巴雷特·霍洛韦对"许多身体力量低于自身潜力的女性"感到遗憾，因为这也导致她们无法在精神和情感方面获益。[1]

在那以后的 30 多年里，女性实际上已经开始在身体力量上赶上了男性，但事实上也可能是男性正在变得越来越弱。2016年的一项研究，将 1985 年那时的 25～35 岁学生的握力与现代男性的握力进行了比较，发现 20 世纪 80 年代的学生的握力可以达到 117 磅，而现在却只有 98 磅。[2]

下一代也许更糟糕。最近对英国学龄儿童的一项评估发现，许多 10 岁的孩子比以前同龄的儿童瘦弱许多，结果显示自 1998

年以来，他们的肌肉力量下降了20%，肌肉耐力下降了30%。[3]
更糟糕的是，随着时间的推移，他们身体变弱的速度每年都在加快，而且这种趋势自2008年以来尤其明显。毋庸置疑，其中的罪魁祸首就是久坐和负重训练不足。欧洲大陆和美国也有类似的趋势。

这是一件值得担忧的事，因为无论从哪个角度上来说肌肉力量都很有用。首先，它与人们更长寿、更健康的生活有关。许多对人的长期跟踪研究发现，无论你是否脂肪超标，也无论你做了多少有氧运动，肌无力都意味着更高的死亡率。

身体力量和大脑的健康之间也有联系。一项针对双生子的长达十年的研究表明，中年时拥有更强大的力量不仅意味着有更多的灰质，还和十年以后拥有更好的记忆力和更敏捷的大脑有关，而肌肉握力的大小（肌肉力量的综合指标）则关系到海马体的健康。

也许更重要的是身体力量能够带给你的**感受**。从琼·巴雷特·霍洛韦最初的研究开始，力量训练已经被证实可以让人们感到生活变得更容易掌控、可以增强自尊，同时也让人们感觉自己有能力应对身体和情绪上的挑战。[4]

如果我们简要回顾一下意识哲学（philosophy of consciousness），就可以得出一个可能的解释。根据神经学家兼哲学家安东尼奥·达马西奥的说法，我们的自我意识——即感觉有一个"我"存在于身体里，是牢固建立在我们对自己的身体能够应对什么困难的一个内在评估之上的。

这是因为我们身体的各个组织永远不会停止工作，它们就像汽车后座上喋喋不休的孩子一样，在大脑和身体之间来回穿梭，决定着身体内部如何运作。而运动的力量在于它能让我们改变当下的结果，而这会对我们的想法和感受产生即刻的影响，甚至更加深远。任何强筋健骨的运动都可以产生这样的效果。所以那些让我们变得更强大的运动，可以极大地改变我们对自己的认知以及我们可以获得多大成就的认知。

这一结果源于对我们身体无数生理指标的不断调整，从而确保各项指标处于最佳范围内。而这一系统通过三种基本要素保持动态平衡：血液中的激素水平、神经信号的传导、肌肉、骨骼和其他组织的生理反馈。

达马西奥所谓的"肌肉骨骼区"是这个系统的一部分，它负责更新大脑中关于肌肉、骨骼和其他参与运动的身体部位的状态。达马西奥在书中写到，即使没有主动运动，大脑也会接收到肌肉骨骼体的状态。[5]

换句话说，如果眼睛是我们观察世界的窗口，那么我们的身体就是我们与外界互动的"交通工具"，它能确保我们生存下来。举个不太恰当的比喻，我们的身体不是一辆由全能大脑被动驾驶的汽车，而是一辆很健谈的车，就像 20 世纪 80 年代经典电视剧《霹雳游侠》（*Knight Rider*）里会说话的汽车 KITT 一样，它不断地发号施令。我们开车的感受与车况是否良好以及是否有涡轮增压有关，那么我们对自己身体的感受也与之类似。

如果我们让自己的身体变得很弱，那么肌肉骨骼区传递出的信息会是：僵硬、虚弱、做得不够好。正如心理学家路易丝·巴雷特（Louise Barrett）所说，这样的信息会直接影响我们对"我们在这个世界上能取得什么成就"的认知，那么久坐不动的生活方式与焦虑和自卑联系在一起就不足为奇了。[6]

好消息是我们可以随时升级我们的"交通工具"。随着身体的肌肉、骨骼和其他负重组织能力的提高，我们不仅从心底感觉到自己在各行各业都能胜任，而且也会在身体姿势和行为等外观上展现出明确的自信。这种身体姿势的改变对我们心理状态的影响也是"身—心回路"最好的证明。

丹麦奥胡斯大学的神经科学家迈卡·艾伦（Micah Allen）从事内感受的研究——即研究身体的信息如何进入我们的内心生活，根据他自己的经验，攀岩能增强身体力量，同时，也会给生活和工作带来意料之外的效果。他说："攀岩是一种启动，你根本不知道自己能否达到山顶并返回。"但是随着他攀岩技术的精进，他开始慢慢意识到自己也能更好地胜任其他行业。他说："以前我和别人会面的时候，特别容易害怕和紧张。但是现在我知道我的身体内部在紧张的时候，到底发生了什么，这种内在的觉察确实帮助了我解决这个问题。"

他的预感是对的。研究证实，运动多的人在"整体自我效能感"量表上得分也更高，这个量表主要是测量他们对自己生活的掌控感。根据对不同运动形式的对比研究发现，比起对心血管健康、身体平衡性和灵活性的改善，力量训练对自尊的影响要更快也更有力。这种影响在健康的成年人、青少年和儿童身上都能看到。

当人们感觉自己有能力和有控制感的时候，焦虑感当然会降低。人们普遍误认为焦虑是指生活在极度恐怖的状态中，但通常焦虑是一种因生活的不确定性以及不确定是否能够应对挑战，从而产生的巨大的内心暗流。在使用负重运动治疗焦虑的研究中发现，增强身体力量至少能消除一些焦虑，同时提高自我价值，还能改善睡眠。

同样的，在抑郁的症状中压倒一切的情绪并不一定是悲伤，而是一种普遍的、发自内心的"我做不到"的感觉。许多研究一致认为，力量训练似乎可以减轻这种负面感受。或许是因为力量训练有助于改变人们内心的反馈，从"不"变成"让我们试试吧……"，这样就给人提供一种信心，觉得自己的身体能够应对生活的考验，也能让不断"思考"的大脑休息一下。

这就提出了一个重要的问题，社会中焦虑和抑郁情绪的不断增加是否与越来越多的人身体变弱有关？在科学上，目前还没有人详细研究过这个问题，所以很难确定。但是已经有证据表明，久坐不动的生活方式会导致焦虑，而力量训练既能提高自尊心，又能改善精神疾病的症状，因此研究这个问题的时机已经成熟了。在西方社会过去的几十年里，人们就像是被关在笼子里娇生惯养的动物一样，已经不再相信自己的身体能够应对生活的挑战了。简而言之，糟糕的心理健康状态可能是我们为舒适生活所付出的代价之一。

安逸的生活可能也会让很多人感到沮丧，这种情绪虽然不像抑郁情绪那么剧烈，但仍然会让人们的生活变得灰暗。达马西奥认为，来自身体的潜意识信息不仅为自我的存在提供了基础，同时也为我们的意识提供了一股心底的暗流，这股暗流奠定了我们对其它所有事情感受的总基调。[7]达马西奥把这些称为"背景感受"，这有点像电影的配乐：背景音乐能使我们感到快乐、悲伤、充满希望或紧张，但其原因我们很难确切地说出来。

因此，如果我们能改变我们的"背景感受"的总基调，那我们就能改变自身的感受。或者如果我们能使身体变得更强壮，我们就可以改变内心的"背景音乐"，从惊悚小说中险恶刺耳的调子变为以超级英雄为主题的和谐乐章。

为什么要变强

我不确定杰罗姆·拉托尼（Jerome Rattoni）生活的"背景音乐"是什么，但我敢打赌，它肯定既有力又乐观。

此刻我处在伦敦东部哈克尼的一个小健身房里，和大约 20 名健身教练挤在一起，他们都在目瞪口呆地看着拉托尼。只见他跳起来，抓住了高出他头顶一英尺的单杠，然后毫不费力地把自己拉了上去，直到单杠和腰部齐平。最后他跳到了单杠上，蹲在上面，胳膊肘放松地搭在膝盖上，还在上面冲我们笑。

他问道："做引体向上的关键是什么？"我和教练们嘀咕道是上肢力量。

他边说着边跳下来和我们一起坐在地上，然后说道："不，做引体向上的关键是要有向上的冲动，否则我为什么要这样麻烦地上上下下呢，我本可以躺着不动的。"

他用法国口音说得很严肃，而且过程中还伴随着法国特色的耸肩和眨眼。他的解释很好地说明了为何大多数人在健身房做的是无用功，而且还附带告诉我们如何使身体和精神上的力量训练更有效、更有趣。

拉托尼是一名从事自然训练（MovNat）运动的教练。自然训练是一种强调人类自然运动方式的健身训练系统，它是由另一位法国人埃尔万·勒·科雷（Erwan Le Corre）在 2008 年发明的，它就像一个享受森林和跑酷的野孩子，专注于在自然环境中进行攀登、跳跃、保持平衡、游泳、跑步、举重和像我们的祖先那样搬运东西，通过这些方式来让自己变得更强壮。在自然训练这个勇敢的新世界里，真正的健身不是通过举重来获得大块肌肉，也不是通过跑步来获得个人最佳成绩，而是为拥有一个足够强壮和灵活的身体来像其他动物那样运动，而人类常常忘记我们本身也是动物。理论上说，一旦掌握了这些技能，我们就可以扫除危险、跨越障碍、笑对压力，我们就能自信地在这个世界行走。有一次拉托尼带我们来哈克尼公园练习爬行技巧，如果这个时候一只老虎出现在公园，毫无疑问他将是唯一能活着离开的人。在另一次高强度的自然训练中，他演示了如何在树间摆荡穿梭、如何拼命地负重跨越障碍物。他严肃地说："跳跃就是在障碍物中不断奔跑。"

科雷发明自然训练是从 20 世纪早期法国海军指挥官乔治·

赫伯特（Georges Hébert）的著作中获得的灵感。赫伯特在旅行中看到了非洲土著猎人所具有的力量和敏捷性，这给他留下了深刻的印象，因此他给海军新兵引进了一种训练方式，训练项目完全基于人类天然的运动。赫伯特的著作在第一次世界大战后消失不见了，并被遗忘了几十年，由于近年来自然训练和城市跑酷爱好者的兴起，他的作品又被重新发现。

赫伯特认为，变强壮不仅仅意味着有一股蛮力，还是一种道义上的责任，就是拥有一个可以在紧急情况下迅速采取行动的身体。他的口头禅是"为了有用而变强"，如果我们不能跑、爬、跳或游到安全的地方，不能命中目标，那么我们就不能真正照顾好我们自己，就更别说照顾好别人了。

特里·克瓦斯尼克非常赞同这个观点。在那次意外的翻车经历之前，他花了很多时间在他居住的加州奥海镇教孩子们掌握空翻和杂技技巧。虽然孩子们在那里学习主要是为了寻求刺激，但他仍然试图向他们灌输一个理念，即强壮、灵活的身体在紧急情况下是有用的工具。他强调"我不想吓唬他们，但在加州确实是这样，这里曾经发生过地震！我们的技巧看起来确实很酷，但是实际上你是在学习如何利用你的身体去适应环境，并且能够学会逃生或者为自己提供帮助。对我来说，这才是我做这些事情的核心意义。"

目前还没有太多的研究来对比这种自然的、救命式的运动方式和其他一般的运动方式对大脑的作用效果。目前仅有的研究也是集中在工作记忆的改善上——有趣的是，工作记忆会受到焦虑和抑郁情绪的影响。[8] 然而，如果变强壮是让你的大脑掌握生存技巧的捷径，那么没有比像野人那样去运动更好的方法了。

而且这可比去健身房有趣多了。当然，在公园里爬行确实有点傻，但是像爬行这样的运动可以一次性锻炼很多肌肉群，这比在健身房里一次锻炼几块肌肉有效率多了。经过一个早上的爬行，我感觉浑身都疼，尤其是腹肌。我向拉托尼提议如果把爬行改成像"疯狂的平板支撑"之类的名字，可能会有更多的人愿意接纳这个运动方式。他一边摆手一边说："不行，人们需要去克服这个心理障碍，然后再去进行爬行运动。"

自然训练、攀岩和泥地障碍赛这一类的运动正在逐渐流行，也许这意味着人们不再喜欢传统的锻炼方式，而是更有兴趣按照自然的方式进行健身。在英国，野泳也变得越来越流行，大家都开始到户外的湖泊、河流和大海中游泳，这或许也说明了大家对自然运动方式越来越喜欢。这股热潮是环保主义者罗杰·迪肯（Roger Deakin）的著作《水上日志》（*Waterlog*，1999）掀起的，而且这本书出人意料地成了畅销书。这本书也让大约 50 万英国人相信走向寒冷潮湿的户外是通往幸福的必由之路。目前已有许多关于改善心理健康的轶事报道，也有大量探讨冷水如何缓解人的压力的有趣研究。[9] 还有一项非正式的研究表明，当冷水接触人体时，我们会向血液中释放一种叫"冷休克蛋白"（cold shock protein）的东西，这种蛋白可以保护大脑，从而有可能减缓大脑痴呆的发展进程。

不管这其中的机制是什么，毫无疑问，野泳和其他自然运动即使不比健身房的运动效果更好，至少也是和健身房一样的。拉托尼的肌肉并不发达，但毫无疑问他的体型非常好。他说人们常常不相信他仅仅是通过自然运动的方式就变成这样。他笑着说："大家以为你只是在这抱抱树而已。但说实话如果你真的用心的话，自然训练是可以实现你想要的锻炼效果的。"

获得力量

无论你是通过游泳还是攀岩获得强健的身体，有一个显而易见的问题是为什么身体的力量可以转化为精神力量。要弄清楚这里面的机制是比较困难的，因为在小白鼠身上去做类似于人类举重这样的实验可不太容易。像老鼠这样的啮齿动物的锻炼中通常包含滚轮跑这一类，但这样就很难将有氧运动和力量训练区分开。而且老鼠和我们的大脑思维方式不一样，很难确定它们是不是和我们通过一样的方式来促进心理健康的。

即便如此，现有的对人类的研究也表明，拥有大的肱二头肌和六块腹肌对于心理健康也不是必需的。最近，人们通过对近50项关于心理健康和身体力量的研究进行分析发现，不管肌肉大小有没有发生显著变化，举重训练都可以改善焦虑和抑郁症状。[10]

乍一听，这似乎是对"身体强壮能让你的内心更强大"这种理论的一种削弱。事实上，它可以用一个简单的生活事实来解释，你通常会比你对外宣称的更强一点。

这是因为我们的肌肉几乎从来没有发挥过 100% 的潜力，因为有一部分力量总是会留作备用，以防我们在发力时估算失误给自己造成伤害。也正因为如此，当我们举重时身体发生的第一个反应并不是肌肉变大。相反，身体会聪明地保留部分力量。一旦你习惯了逐渐增加举起的重量——甚至举起你自己体重的重量——这个时候肌肉也会逐渐释放自己的潜能。与此同时，通过脊髓连接肌肉和大脑的运动神经元开始在肌肉内扩张，这样就会同时连接更多的肌肉纤维，因此每次肌肉收缩都会产生更多的力量。除了带来外在的好处之外，其实这些早期的变化对人的内在也是有益的。

轻盈的舞者

事实上，沉默的肌肉远不是身体力量的唯一组成部分。能让杰罗姆·拉托尼做引体向上、帮助芭蕾舞演员跳跃和旋转、让忍者轻盈落地的能力，其实是与结缔组织有关。这其中包含肌腱，它将肌肉、骨、筋膜连接在一起。而筋膜是一种和肌肉缠绕在一起、强大而具有弹性的组织。

肌腱将肌肉收缩转化为外在的动作，并且附带弹性，这样人们在需要的时候可以产生额外的力量。弹、跳素质就是两个很好的例子。袋鼠和瞪羚羊并不是借助它们的肌肉实现跳跃的。坦率地说，它们的腿都很细，但由于它们都有很好的结缔组织，特别是它们拥有弹簧般的肌腱，这起到了很大的作用。目前关于筋膜和肌肉关系的研究还比较少，但已经有证据表明，筋膜可以在身体的不同区域之间传递力量，这为肌肉增加了额外的爆发力。

我们肩膀上结缔组织所具有的弹性也使人类成为动物界中投掷能力最好的生物。投掷过程中我们手臂会向后拉，就像拉橡皮筋一样，将韧带和肌腱拉紧。同时扭动腰和手腕，这样就会产生更大的力量，然后"砰"的一声射出去。[11]我们肩膀的构造不仅让我们成为更好的猎人，去击败比我们更大更强壮的动物，并且也让我们具备了前瞻性思维。因为通过投掷石块和矛来狩猎不仅需要力气，还需要能够在投掷时预测猎物的位置。而且，根据我个人的经验，用力地去扔球或投掷棍子是释放愤怒或压力的好方法，尤其是当你击中了目标，你更会获得额外的满足感。

我见过最令人印象深刻的筋膜爆发力的展现是在 2002 年凯莉·米洛（Kylie Minogue）的演唱会上。这是一个以"信任我"为主题的表演，其中凯莉扮演一个性感且很负责任的警官，而杂技演员特里·克瓦斯尼克扮演一个腹肌明显的小混混。他倒立在舞台上，双手撑着地走下两级楼梯，然后冲着凯莉的方向做出了让人吃惊的动作，他膝盖紧贴胸部蹲在她面前。当音乐达到高潮时，他的视线慢慢移到凯莉的脸上，然后突然一个后空翻，落在离凯莉一英尺远的地方，紧接着凯莉向前，就这样稳稳地循环往复了四次。[12]之后当我们和朋友讨论这个节目时，我们总会问："那个人他是怎么做到的？"

18 年后，我循着克瓦斯尼克的足迹，从他的出生地英国一路来到加州，想知道他是如何做到的。他告诉我，这个空翻的灵感来自于对功夫爆发力的迷恋。一次偶然的机会他遇到了一群正在英国巡回演出的少林寺僧人，恰好这时他也在伦敦的同一个排练场地，这给了他向这些僧人学习的机会。

他描述说："这有点像猫，一只猫可能正在睡觉，看起来就像死了一样。但你只要摸一下它，它就会'砰'的一下飞到天花板上！"他认为，这种空翻的关键在于要在精神和身体完全放松的状态下蹲着，这就像弹簧压缩后突然释放。在武术中，这种放松的力量被称为"松"（发音为"song"），是一种像美洲豹一样强壮而柔软的力量，与鳄鱼的那种力量感刚好相反。

在那之后，克瓦斯尼克不断地"蹲下，跳起来，空翻"，一遍又一遍地练习这些动作，使自己不断地进步。他坚信"如果我能跳那么高，还能做一个后空翻，那么理论上我就能连续地做到"。一开始是在软一点的场地上练习，然后是在硬的场地上，最后是在世界上最著名的流行歌手之一和成千上万的观众面前展现，还得保证尽量别踢到她的牙。

克瓦斯尼克现在还在从事表演活动，而且仍然能做空翻，但现在他把大部分时间用于教孩子们如何驾驭这种爆发力。他相信，孩子们在挖掘这种自己都没有意识到自己拥有的超能力的过程中，会产生一种获得潜在的心理和情感力量的能力，这种能力将持续伴随他们的一生，让他们可以随时准备应对任何事情。

而获得这些能力的关键是心理与身体的协调，进而增强孩子们的内感受能力。克瓦斯尼克认为，我们久坐不动的生活方式常常让我们头脑不清，几乎不知道自己的身体在做什么，所以首先要让孩子们知道如何使心与身体协调。克瓦斯尼克的每堂课都是从呼吸练习开始，去练习有意识地觉察身体各部分的感觉。接下来是身体的拉伸，要有意识地觉察肌肉在此时的感觉。只有这样，你才能感受到那种身心自由的感觉。

克瓦斯尼克说："这时孩子们可能会说，'我现在能感觉到我的腿了'。所以，当你把注意力放在你的腿上，并且不断温习，你就有了可以借鉴的经验。有时候孩子们很难理解这些，但一旦他们做了，效果非常令人震撼。当他们意识到自己可以像踩油门一样使用这种力量时（当然前提是他们把注意力放在上面……），就会产生开天辟地的效果。"如果你真的使用它，它会开启一些不可思议的东西。"

这听起来很神奇，但这对另外一部分人来说可能就意味着他们的结缔组织会变得僵硬和不灵活，因为他们在衰老，也缺乏运动，或者两者都有。随着时间的流逝，人像猫那样行动敏捷变得更加困难。德国乌尔姆大学的筋膜研究员罗伯特·施莱普（Robert Schleip）认为，随着年龄的增大，筋膜会逐渐开始缺乏弹性，因为组成筋膜的纤维会缠绕在一起。在显微镜下，它们就像一团缠绕在一起的羊毛，而不再是一张整洁、有弹性的网。[13]

一般来说，运动能够使筋膜保持弹性和有力量。施莱普推测通过类似于软着陆弹跳和关节发力这样的针对性训练，可以给筋膜的弹性带来巨大的改善，这样的话，任何人就都愿意花时间和精力来训练筋膜了。到目前为止，这种训练是否能够显著增加力量或能否逆转筋膜硬化的问题一直没有定论。[14]但是克瓦斯尼克的经验表明，只要足够努力并且花足够的时间，你想要的爆发力可能比你想象的更容易获得。

关于如何使筋膜保持良好的工作状态，我会在第六章详细介绍。现在，最重要的是要记住，虽然增强肌肉力量可能会让你感觉强大，但这并不是绝对的。我们都有一些自己都不知道的潜力，而挖掘这种潜力并不需要变成阿诺德·施瓦辛格（Arnold Schwarzenegger）那样，更重要的是保持运动，尽可能保持强壮和身体的弹性。这样的话我们的身体组织会给神经系统的其他部分传递这样的信息：放松，一切都在掌控之中。

对创伤反击

人在经历创伤之后，内心的安全感显得尤其重要。但是因为创伤会伤害身体和心理，这时候人们想找到这种内心的安全感非常困难。而事实证明，运动这时候可以派上用场。

患有严重创伤后应激障碍（PTSD）的博主索尼娅·莱娜（Sonia Lena）写了一篇特别有说服力的文章，她讲述了格斗术如何帮助她应对闪回的问题，也让她更有掌控感。她写道："我无法告诉你到底是什么把我从悬崖边拉了回来。[15] 一开始的时候，一旦教练的手掐住我的喉咙，我就会重新体验到那种痛苦的创伤，而现在好多了。"她认为这是因为她的身体已经内化了她可以自卫的掌控感，这就缓解了创伤对她思维的控制感。

如果某一个或一系列的事件超出了一个人心理复原的能力，

那这就应该被视为创伤事件。[16] 可能是生死攸关的时刻，比如被困在坍塌的建筑里，没法脱身。或是被攻击，虽然不一定致命，但有可能是被人反复批评或羞辱的痛苦经历。

在这种情况下，我们身体的报警系统就会启动，使我们的心率和血压突然升高，以及使我们的肌肉像弹簧一样绷紧。理想状况下，我们会利用这股能量逃离危险，把欺负我们的人扔到一边，或者至少在狠狠地奚落对方之后跑开。最后一旦威胁过去了，我们就能使自己平静下来，回到日常状态。

然而在创伤中，这一系列的反应并没有出现。一些创伤研究人员据此认为，这种特定行为的缺失解释了为什么有些幸存者经常发现自己有闪回的情况，就像重新体验了发生的事情，但他们不知道发生了什么，而且很难走出来。和闪回一样，创伤的另一种常见的反应，特别是当一个人无处可逃或者被创伤事件淹没时，幸存者往往会发生和当时的情况不相称的心理和情感的崩溃。这可能导致解离，这是一种奇怪的感觉，就像透过窗户观察自己的生活一样。这样的人在社交场合中也会尽量避免与他人有眼神接触。

这让一些创伤研究者好奇，当人们在创伤事件中能够反击回去或者逃开，是否能够让人放下这段创伤，让人们摆脱这种创伤恐惧的循环。

波士顿大学的精神病学家和创伤专家贝塞尔·范德科尔克（Bessel van der Kolk）很崇尚这个观点。他在自己的畅销书《身体从未忘记》（*The Body Keeps the Score*）中写到，心理咨询通常对创伤后应激障碍不起作用，原因是你不能仅仅靠谈话来说服自己摆脱面对危险时所产生的身体应激反应。甚至对一些人来说，再次详细地回忆创伤事件实际上可能会让他们的状况变得更糟，因为这样做又让他们直接回到那种应激状态，而且又没有给他们任何新的方法来理解所发生的事情。这可能还会导致他们隔离自己的情感，这样的话让他们从创伤中恢复就更加困难了。

范德科尔克以及精神病学家帕特·奥格登（Pat Ogden）和彼得·莱文（Peter Levine）认为，闪回和解离持续存在的主要原因是对应激压力的不断反应。他们认为，如果有人能够帮助个体通过学会自我保护或躲开应激事件来应对这些应激，那么个体的内环境就能平稳运行，人们的安全感也会重新回来。

理论上这是可行的，而且这也不是一个新的想法。它最早出现在20世纪初法国心理学家皮埃尔·珍妮特（Pierre Janet）的一本鲜为人知的著作中。他在书中提到了采取有效行动去防止创伤记忆在身体和心灵中扎根的重要性。在他的《心理治疗》（*Psychological Healing*，1925）一书中，他提到了"终结的快乐"（pleasure of a completed action），同时指出"遭受创伤性记忆折磨的人无法采取任何有效的行动使事情终结。"[17]他认为，这也意味着这些人的身体和心理的创伤将一直存在。

对于那些曾经被欺负过并希望反击的人来说，这会让他们本能地感觉到这可能是有效的。有一些来自动物和人类研究的证据表明，运动是恢复到"安全"模式的关键。

例如，有研究表明，老鼠只有在经历了可怕的折磨后才会导致创伤——通常是被锁在一个地板通电的笼子里，而且无法逃脱。然而，如果在经历创伤后，再使它们面对同样的情境，但这一次允许他们逃跑，创伤就会消失。

其他实验也表明，任何一种剧烈的运动都可能产生同样的效果。在经历同样的应激后，互相打斗的老鼠比被放回笼子休息的老鼠恢复得更快，这表明剧烈的肌肉运动可以使神经系统发出停止"战斗或逃跑"的信号。

有证据表明，这一点在人身上同样有效。与对抑郁和焦虑改善的效果一样，高强度运动可以减少创伤后的应激症状。最近有研究发现，对于有创伤后应激障碍的退伍军人，如果治疗方案中包含体育锻炼项目，那他们会恢复得更好。有研究认为，瑜伽和抗阻训练也可以减轻创伤后应激症状。[18]但目前不清楚的是在治疗效果上，类似打斗、推搡或其他一些自我防卫等特定类型的运动是否比山地骑行或高强度深蹲更有效。

索尼亚·莉娜（Sonia Lena）的例子就证明了反击是有用的。有一些小规模的研究表明，以身体为导向的运动疗法（例如学习一个果断的"停止"动作）在一些面临严重的创伤后应激障碍的人身上特别有效。这种病人往往在生活中经历了不止一次的创伤事件，他们对认知行为疗法等标准治疗特别抵触。但是通过以身体为导向的运动疗法治疗后，这类人的抑郁评分显著下降，并且对工作和社会的应对能力得到了提高。研究中甚至有两个被试的恢复幅度大到可以不再被认为患有创伤后应激障碍。[19]贝塞尔·范德科尔克曾做过一项研究，他将瑜伽作为创伤后应激障碍的附加疗法，得出了类似的结论。在 10 周的课程后，瑜伽组中超过 50% 的人不再符合创伤后应激障碍的诊断标准，明显高于对照组的 21%。

帕特·奥格登表示，她正在进行一项研究，想弄清楚到底是锻炼本身起作用，还是特定的打斗动作对治疗有帮助。她在研究中写到"许多客户和学生反馈说他们通过学习感觉运动心理治疗（sensorimotor psychotherapy）改变了他们的习惯，并给他们带来了新的希望"。尽管目前还没有证据证实这些，但她认为"人们正在意识到运动身体在创伤治疗中的重要性"。从奥格登和莱文的感觉运动心理疗法到那些以拳击、瑜伽和武术为基础的创伤治疗方法，都在逐渐被人们所接受。

事实证明，谈话治疗和与特定运动相结合的锻炼都是创伤治疗所必需的：作为治疗的一部分，学习和练习特定的运动会增加人的掌握感，毕竟我们又扩展了我们的生理工具去应对以后的新情况。用精神病学家约翰·拉蒂（John Ratey）的话说，这可以帮助一个受到创伤的人"积极面对新的现实"。[20] 无论这种新的体验疗法最终看起来是什么样子，只是坐着聊天肯定会成为过去时，对身体运动的掌控是非常重要的。

"打"破阶层

锻炼身体对创伤恢复有如此大的作用还有一个原因，那就是巨大的情绪波动不仅会给人留下情感创伤，也会使人的身体变弱。

有一项对 2001 年前往世贸中心的急救人员的研究发现，10 年后，他们的握力只有同龄对照组的一半。[21]另一项研究发现，有一组急救人员在"9·11"袭击发生时都很健康，而且考虑到他们的职业，他们可能要比一般人更强壮，但 10 年后发现，他们出现运动相关问题的可能性更大，包括行走缓慢以及很难从椅子上站起来。[22]

如果创伤会使人的身体变弱，而变得强壮有助于创伤恢复，那就说明力量训练可以帮助人们完全恢复身心健康。还有一种观点认为，如果在创伤发生后不久（而不是数年后）就开始帮助他们恢复，那就可以尽早地防止创伤或使应激压力的影响变小。将这些技能传授给年轻人，特别是那些在贫困中长大或处于社会不利地位的年轻人，非常有助于阻止他们心理健康问题的滋生。

戴尔（Dale）青年拳击俱乐部多年来一直把这个理念付诸实践。它位于伦敦西部的拉德布鲁克格罗夫（Ladbroke Grove），享誉全国。创立 30 多年以来，它已经培养了 100 多位业余冠军，一位奥运金牌得主和两位超中量级世界冠军。这家俱乐部坐落在通往伦敦的主干道 A40 西道上，它是一家社区企业，资金来自捐款，工作人员都是志愿者，其中很多人在孩提时代就在这里接受培训。它的慈善属性使它每次仅收费 1 英镑，这样就能够真正使贫民区的孩子远离街头，并且致力于培养他们的身体力量、柔韧性和仪态。

几年前，该健身房因为发生了悲惨的事件而被外界许多人所知晓。从 1999 年到 2017 年，它位于格伦费尔大厦（Grenfell Tower）的一层，格伦费尔大厦是一座 20 世纪 70 年代建造、由议会运营的塔楼，在 2015 年它被安装了新的智能铝板，这样看起来就不那么破旧。而 300 多名居民不知道的是，新外墙虽然好看但同时也易燃。2017 年 6 月 14 日，其中一间公寓发生火灾，大火撕裂了外墙，造成 72 人死亡，250 多人无家可归。拳击俱乐部也被毁了，有些孩子在火灾中失去了朋友，孩子们无家可归，也没办法疏解自己的压力和情绪。

在火灾发生后的几年里，社区努力想使俱乐部比以前更大更好。但这并不容易：这是伦敦最贫困的地区之一，而且紧挨着伦敦最富裕的地区。要使孩子们安分守己并不容易，因为这种落差让安分守己看起来太不公平了。

但戴尔青年队教练莫伊·埃尔哈姆利希（Moe Elkhamlichi）告诉我，这就是拳击的意义所在。他说："如果你看看现在街上的孩子，他们 16 岁就离开学校，没有真正的机会，没有真正的教育，他们没有自信，而这是因为从来没有人告诉他们，凭自己也可以变得伟大。而拳击给人带来的最大好处就是自信和信念。"

莫伊已经在这当了 20 年的教练，根据他的经验，这种自信会从拳击场上延伸到日常生活中。在我们的交谈中，他说到体育馆里有两个孩子，自从开始在这里训练，他们的成绩和行为都有了很大的改善，而另一个孩子在家里几乎不再发脾气了。部分原因是他们从教练那里学到了规则。莫伊说"我们这里管理得很严格"，而且孩子们知道他们需要努力训练。但当训练开始奏效时，那种能够掌控自己的感觉也会随着他们离开健身房，并最终一直伴随他们成长。莫伊强调"如果我们的训练做到了这些——他们能自信地走进有很多人的房间，他们能自信地去参加面试，那我们的工作就完成了"。

运动改变大脑：改善肌肉的力量和韧性

- **锻炼肌肉**：身体变得更强壮（无论肌肉大小是否增加）可以减少焦虑，缓解抑郁，提高自尊。但这并不意味着你必须举铁健身：学会使用你自己的身体就可以。
- **以自然的方式运动**：掌握你身体天生就会的运动会让你感觉很棒，你天生会跑、会爬、会游泳，必要的时候还会逃生。忘记健身房吧，学着用传统的方式运动。
- **学会战斗**：特别是在经历创伤后，利用反击的身体语言可以帮助你建立真正的安全感。在面对棘手问题时，最好是寻求治疗师的帮助。
- **提高结缔组织力量**：不要忽视弹跳。要拥有羚羊般的身体弹性，并学会软着陆，这会使结缔组织更健康，从而全面提高对身心的掌控感。

第四章　舞动节拍

"也许没有什么比节律运动更能使人类团结了。"

——杰西卡·菲利普斯-西尔弗（Jessica Phillips-Silver）等，《音乐知觉》（*Music Perception*）[1]

看着凯文·爱德华·特纳（Kevin Edward Turner）穿着破旧的斜纹棉布裤和 polo 衫边跳边唱，还不时翻跟头，真是很难想象他能安静很久。他背对着他的舞伴，手挽手，轻而易举地在她的背上翻滚，双腿在空中翘起。他的舞伴看起来很高兴，他也笑得合不拢嘴，在场的其他七个舞者希望我们也能试试。

上面这一幕发生在英格兰北部，我到这里加入了当地一个为有心理健康问题的年轻人而组建的舞蹈团。它位于曼彻斯特一个老运河边的棉纺厂里，这里曾经通过蒸汽动力和童工推动了英国的工业革命。现在，它已经变成了一个安静而受欢迎的社区。在这里，当地的艺术品挂在裸露的砖瓦上，书架上堆满了书籍，俯瞰运河的窗户边爬满了蔓生的植物。今晚，这间屋子里的活力来自于特纳这位舞蹈家，他对舞蹈可以改变思想这个话题充满了热情。

由于他自己的经历，他对这一点有切身体会。2013 年，他患有多年的抑郁症情况更加恶化了，同时这一次还伴随着精神病性症状的发作，依据英国的《精神健康法》，他被收治住院。他从八岁起就是一名舞蹈演员，他身体变差的第一个迹象就是他不再想动了。他说："有一段时间我很消极，而且发现很难激励自己，这让我变得更糟了。"

而也正是跳舞给他提供了一根救命稻草，使他能渐渐恢复健康。他说："无论我的大脑、精神和身体怎样努力，恢复体力的过程都非常缓慢。我110%的知道，用运动和舞蹈来表达我内心的想法对于我重返工作岗位以及做自己最喜欢的事情是非常重要的一部分。"

随着对身体的研究越来越多，特纳发现舞蹈正在成为一种重要的工具，它能在身体经历的苦楚与生命宝贵的体验之间保持平衡，而这对我们人类正常生活来说至关重要。

这不仅仅是跳舞使人快乐那么简单，而是比那重要得多。舞蹈以及其他形式的有节奏的运动与我们的生物特性结合在一起，帮助我们理解和调节自身的情绪，从而为我们与自己、我们和他人之间的沟通提供了一种基本的方式。

如果是这样的话，那我们大多数人其实都低估了自己。数据表明，只有7%的美国人和6%的英国成年人喜欢跳舞，而且这个数字近十年还一直在下降。[2]与此同时，大众的心理健康也是一团糟。尽管从表面上看老年人和青年人与外界的接触比以往更多，但孤独感的蔓延仍然困扰着他们。最近的一项调查显示，18~24岁的年轻人中有将近50%的人承认，即使他们经常被现实世界和虚拟世界中的人包围，但他们仍会感到情感上的孤立。[3]抑郁和焦虑在每个年龄段都很普遍，学生们越来越多地通过自残来发泄糟糕的情绪。在这种痛苦的背景下，如果改善情感状态能像跳舞一样简单，我们何乐而不为呢？

为跳舞而生

人类为什么跳舞，而其他动物不跳舞——这个问题多年来引发了许多争论。一些人猜测跳舞最初是一种用身体讲故事的形式。[4]另一些人则认为这是一种向异性展示自己健康、强壮、具有协调能力以及具备野外生存能力的方式。[5]但有一种观点是达成共识的，跳舞在很久之前就已经成为我们的一项运动技能了：可能从我们人类直立行走的时候就开始了。最早的确凿证据来自于有着9000年历史的印度洞穴群舞壁画，[6]但我们知道，人类创造音乐——可能还会有伴随着音乐的舞蹈——的时间要早得多。最古老的乐器——由动物骨头制成的笛子，可以追溯到45000年前，那大约是在现代人类第一次走（甚至是昂首阔步地走）出非洲的时候。

从那时起，在每一种人类文化中都包含了不同的对音乐的追求形式，而且往往是作为节日或庆祝活动的一部分，通常是成群结队的。它聚集人群的能力非常强大，以至于历史上一些宗教派别甚至试图完全禁止它。电影《浑身是劲》（*Footloose*）是根据俄克拉荷马州一个极端保守的小镇的真实故事改编的，跳舞在那里直到 20 世纪 80 年代初都是违法的。如今，在沙特阿拉伯、伊朗和科威特等几个国家，仍然禁止人们在公开场合跳舞。即使在相对自由的瑞典，在公共场所跳舞也是违法的，除非是有营业许可。在德国和瑞士，某些基督教节日也是禁止跳舞的。在日本，午夜后跳舞的禁令（最初是为了减少战后的滥交行为）直到 2015 年才解除。

不管政府当局喜不喜欢，节律运动是人类活动的重要组成部分。而且人类对节奏的感知和反应能力是与生俱来的。在对两三天大的婴儿的研究中，如果你给他们播放一个有规律的节拍，同时用仪器记录他们的大脑活动，会发现这时候如果突然跳过一个节拍，他们的大脑就会以某种方式做出反应，这表明他们注意到少了什么。[7] 仅仅几个月后，这种对音乐节拍的自然亲和性就开始与运动联系起来了。五个月大的婴儿就已经能够随着音乐节拍动起来，看起来更像是在跳舞，因为他们开始对自己的身体有更多的自主控制。很明显，这意味着从很小的时候，婴儿就喜欢跟着音乐起舞。研究同样表明，那些能够较好地随着节奏动起来的婴儿比那些协调能力较差的婴儿更开心。

跳舞能让人感觉良好，甚至对脾气暴躁的青少年也是起作用的。几年前，我在一个心理学会议上注意到一个心理学家。当时已经是下午很晚了，大家都很热，个个坐立不安，而且都打算回家了。作为活动的主持人，我的工作是介绍演讲者、回答现场观众的问题，如果观众不提问的话，我就问一些常规的问题，来最终确保会议正常进行。当天最后一位演讲者是舞蹈心理学家彼得·洛瓦特（Peter Lovatt）。彼得是个中年人，戴着眼镜，穿着一件古怪的衬衫，当他笑容可掬地跳上舞台时，300 个 16 岁的孩子纷纷乖乖地坐到座位上，顿时你能感觉到房间好像变小了。这群孩子挺闹腾的，但就算彼得注意到这一点，他也不会表现出来。据我所知，他在上学的时候更喜欢芭蕾而不是足球，他离开学校的时候甚至还不识字。

令人难以置信的是，他后来成了一名研究型科学家，专门研究运动如何帮助我们思考。他自己就是一个活生生的例子：22 岁时，他几乎是从零开始通过舞蹈自学了阅读。我过去经常想他是怎么做到的。我首先注意到的是，他经常会在谈话中突然唱起歌来，尤其是当他在考虑接下来要说什么的时候。

"好，嘣嘣嘣嘣～我在想从哪开始说……嘟嘟嘟嘟嘟嘟～那这一切是怎么发生的呢？"

据说这是他用来帮助自己阅读的一个特有的技巧。他告诉我"每次我做的第一件事就是试着在我所写的东西中找到节奏和模式。"在他十几岁的时候，他突然意识到自己不像老师说的那样蠢，因为他不仅能凭记忆学会一个两小时的舞蹈动作，而且还记住了糖山帮（Sugarhill Gang）《说唱歌手的喜悦》（Rapper's Delight）这首歌的全部歌词。所以他决定把这些技巧运用到阅读中。首先，他试着阅读诗歌，因为诗歌就像说唱和舞蹈一样，有一种自然的节奏。他并不是零基础，他的阅读能力足以辨认每个单词，问题出在他很难流利地把这些词串在一起然后理解它们的意思。他发现，节奏能够帮助他进入心流状态。他说："节奏是一种工具，我通过节奏来理解词组的意思。"而且这似乎很有用。即使在今天，他也喜欢读诗或者任何有自然节奏的东西。

另一个策略是运用他在学习舞蹈时使用过的技能——本质上说就是跳过难的部分，继续学习后面的。他说："如果你在学习一套舞蹈动作时，其中有一些你不太了解的地方，你可以先做个标记，比如用脚做一些看起来愚蠢的动作，类似于'五、六、七、八……'，然后再继续回到这个动作。我对阅读也采取了同样的方法。"

当他遇到一个很难的词时，他不会直接放弃，而是会编一些东西做个标记，然后继续前进。在他早期的一次阅读尝试中，他在杰弗里·阿彻（Jeffrey Archer）的小说中遇到了"icon"这个词——或者是像"ikkon"这样一个毫无意义的词，他就给这个词编了个故事。他说："在我的脑海里，ikkon 有各种各样的形式。有时这个词有意义，有时没有意义。所以，我必须改变ikkon 的概念。这就变成了一种即兴发挥和不需要标准答案的脑力活动。"他最终发现，"ikkon"的意思是一种宗教象征，故事带来了突然的灵光一闪。"我要努力不被那些我无法读懂的文字打败。"

用洛瓦特的话说，那之后的十年是"漫长且索然无味的奋斗历程"。他先后通过了英国中学高级水平考试（A-levels，一门及格，一门不及格），获得了心理和英语双学位（他自述"从未读完过任何一本书"），最后获得了博士学位。也许是因为大多数科学论文明显缺乏诗意的缘故，他形容这个过程就像"拖着两个扭曲的脚踝跑马拉松"。之后，他在剑桥大学英语系找到了一份工作，但他不敢告诉任何人他的英语水平考试不及格。但可以肯定，他的舞蹈计划奏效了。迄今为止，他已经写了两本书和无数的科学论文。例如，他的研究表明，学习一套结构化的动作能帮助人们在短时间内进行分析性思考，而即兴发挥则能促进更具创造性的开放性思维。[8]

这种转变令人印象深刻，但真正体现了舞蹈那种改变的力量的证据，来自当天演讲现场的那些学生。在叙述了他的一些研究之后，他温和地表达了希望现场观众参与进来的想法。他要求我们所有人站起来，然后抖动我们的手和脚。在这一刻，大家明显表现得比较畏缩，但他坚持这样做，他先向大家展示了一个想让我们尝试的简短的舞蹈动作："前进，前进前进，拍手，前进，前进，前进，拍手。"我们很不情愿地照吩咐做了起来。紧接着，在继续介绍他的许多研究的间隙，他又加入了更多的动作，包括原地转圈。当我们撞到一起时，引起了一阵阵尴尬的窃笑。然后他又将 20 世纪 70 年代的迪斯科舞步串起来，包括路边搭车的动作、做土豆泥的动作，以及约翰·特拉沃尔塔（John Travolta）在电影《周末夜狂热》（*Saturday Night Fever*）中著名的手臂定向移动的动作。

动作越复杂、越荒谬，观众就越放松，也越能进入状态。最后，作为演讲的压轴大戏，我们都随着音乐跳起来了，整个房间顿时充满了活力。上台仅仅 15 分钟，洛瓦特就把一间闷闷不乐的屋子变成了一个即兴的迪斯科舞厅，整个房间充满了活力，连老师们也跟着大笑起来。

这真是太棒了，让我的生命焕然一新。但这也引发了一个问题：究竟是什么样的节奏让我们有运动的冲动，有人悄悄地用脚拍地，有人疯狂放飞自我。为什么这样一种看似无聊的活动——既消耗宝贵的能量又容易引来捕食者——会进化出来呢？又是为什么让人感觉那么好呢？

一种可能是，这不过是一场愉快的意外，是大脑和身体其他部位协同工作的副作用，从而使我们在尽可能少的伤害中度过一生。许多科学家和哲学家现在认为，大脑是一个预测机器，它不断根据过去发生的事情来对即将发生的事情做出最佳猜测，然后用它来指导我们的行为。根据牛津大学神经科学家莫滕·克林格尔巴赫（Morten Kringelbach）的说法，我们喜欢有节律的节拍是因为它能让我们很容易预测未来会发生什么。当我们正确预测时，我们就会得到少量的多巴胺，这是大脑中一种与奖励和快乐有关的化学物质。[9]

因为声音和运动在大脑中是联系在一起的，所以当我们的身体跟着节拍起舞时不仅会感觉非常好，而且几乎毫不费力。大脑成像研究表明，当我们听到音乐时，不管我们是否随着音乐起舞，负责运动的区域和负责声音处理的区域都会同时变得活跃。[10]这些联系并不是专门为跳舞而存在的，它们的存在是为了让我们能够自动地、无意识地应对许多事，比如我们的感官告诉我们如何移动，这样就可以接住球，或者躲开一些障碍物。正如我们在第一章中看到的，感官信息的全部意义在于告知我们在自然界中如何运动。

节拍会以某种方式激活同样的大脑——身体神经通路,这会让人不可避免地产生即时运动。它是通过大脑中与声音和运动有关区域的同步脑波来实现的,两个区域的脑波会连接起来,就像两个钟摆准时摆动一样。这种现象被称为"夹带",它使大脑中的信息共享变得更容易,因为同步的节奏在大量复杂的脑电信息中很容易被识别,这有点像在拥挤的体育场中,整齐的球队队歌很容易从喧闹声中凸显出来。节拍能够穿透神经噪声,这是促使我们跟着节拍运动的关键原因,因为它可以使我们不需要太费劲就能跟着节拍运动。

当我们听从这种冲动并真正行动起来时,我们会获得更多的满足感。比利时根特大学的音乐心理学家伊迪丝·范·戴克(Edith Van Dyck)说:"有节奏的运动可以让我们体验到多巴胺多次释放的快乐。"此外,她还认为,这创造了一种我们与音乐"融为一体"的感觉。它甚至可能给我们一种强大的错觉,让我们觉得自己正稳稳地控制着节拍。

那种即兴舞动的体验给我带来了美好的感觉,从一开始的摇摆到跺脚、挥动双臂,然后是随着音乐节拍跳来跳去,都让我非常放松,这是那个晚上最特别的一段经历。最后,我已经可以非常自然地舞动了,就像一个还没长大的孩子,一点都不会觉得不好意思。

如果有一种舞蹈能让你在世界上任何地方跳都不会显得格格不入,那就是这样的了。从非洲到南美、从巴布亚新几内亚丛林到澳大利亚内陆地区的许多部落舞蹈，它们虽然有着不同的形式和传统，但从根本上说，它们都围绕着双脚着地、拍手、有时还有点头这些动作。在过去二三十年中出现的许多舞蹈音乐也是这样。

这也是这种特殊舞蹈能够漂洋过海的原因。这取决于我们人体的构造。众所周知，在人类进化的某个节点，我们的祖先开始减少爬行的时间，而更多地用双脚行走。自从我们人类开始了直立行走，我们的身体就适应性地发展出一种新的运动方式——行走时我们的双腿像钟摆一样从我们的臀部开始摆动。地球上没有其他动物是这样的，它为我们提供了跳舞的基础。

正如一句津巴布韦谚语所说：如果你能走路，你就能跳舞。这是因为所有的身体运动都是以一个有规律的固定频率在摆动。在 2005 年的一项研究中，研究人员使所有参与研究的人在跑步、骑自行车和日常工作时佩戴运动追踪器，结果发现人们自然运动的频率几乎相差无几。不管一个人的身高、性别、年龄或体重如何，他们的身体都以 2 赫兹的频率共振，也就是说他们的头每秒钟会上下摆动两次。[11]2 赫兹是个神奇的数字，它和我们跳舞的方式可能有很多的联系，它相当于每分钟 120 拍。巧合的是，这是几乎所有西方流行音乐和舞蹈音乐的节奏。[12]当被试被要求跟着节拍器敲击时，研究人员发现他们通常也是以这个速度敲击。可以说，全人类都随着同一个节拍起舞。

另外，对于那些好奇为什么人类似乎是唯一一个知道如何创作音乐和跳舞的物种的人，这个发现可能是一个有趣的暗示。人类音乐是人类为自己创造的，而且所有人都在 2 赫兹这个频率上产生共鸣。在 2011 年的一篇文章中，进化生物学家特库姆塞·费奇（Tecumseh Fitch）提出，也许其他物种不会随着我们的音乐起舞，是因为它们与我们的运动节奏不一样，而且它们听不懂我们的音乐，当然我们也听不懂它们的音乐。[13] 当我看着我的狗（一只牧羊犬）和其他同类跑圈时，我发现它们似乎在方向和速度上有着某种默契。但如果是这样的话，我们在了解它们的步伐之前，首先需要了解它们的频率。有趣的是，一些动物在练习足够多之后是能够跟随我们的节奏的。几年前，一只名叫"雪球"（Snowball）的凤头鹦鹉成了网络明星，也成了科学研究的对象，因为它能完美地与美国男子组合后街男孩（Backstreet Boys）合作。[14] 但是在野外从来没有发现过类似的现象，所以我们仍然可以认为我们的跳舞技能是独一无二的。

对于人类来说，我们都随着同一个节拍跳舞，这意味着我们可以很容易地与音乐同步，而且还可以实现我们彼此之间的同步。这也是舞蹈在现实中的第一个好处。根据牛津大学的研究，当我们作为一个整体行动时，我们大脑中的"我们"和"他们"的区别就开始消失了。

对此研究人员的解释是，在正常情况下，我们使用来自自己身体的信息，就是用我们的本体感觉作为判断什么是"我"，什么不是"我"的依据。但当我们与他人同步时，我们的大脑开始变得有点迷惑。因为来自我们自己身体的关于运动的信息，在感官的作用下开始与他人的运动信息混合在一起。因此，自我和他人之间的界限变得模糊。[15]这表明，一起跳舞可以提供一个解决孤独的简单方法，并帮助我们与周围的人重新建立联系，它还可以把一群从表面上看没有什么共同点或者世界观完全相反的人们聚集在一起。对于我们来说，还有什么方法能比一起行动更能缩小我们之间的差异，并且让我们意识到人与人之间实际上有很多共同之处呢？历史学家威廉·H. 麦克尼尔（William H. McNeill）将这种现象称为"肌肉纽带"，认为它是自古以来人类社会、宗教和文化发展的一个重要驱力。[16]事实上，这是人类发展的核心。

当然这也会让我们更加关心彼此。在实验中，即使是一岁大的孩子，当他们第一次在大人的膝盖上跟着音乐蹦蹦跳跳的时候，也有可能会对大人的情绪调节有帮助。[17]即使在婴儿期，节奏的同步也会让他们对别人的关心程度变得完全不同。如果大人不及时让婴儿舞动起来，孩子们也就不太可能帮助到他们。这听起来很残酷，但这种倾向似乎会伴随我们一生。在同样的成人版实验中，对于愿意先花时间与别人进行同步互动的人，他们更有可能在博弈游戏中选择合作。

正因为如此，一些科学家开始把舞蹈看作是一种在进化过程中很重要的因素，而不是一种意外之喜，因为它能帮助群体建立情感上的联系，从而使他们为了所有人的利益一起工作。

这听起来是一件有益于全人类的事，而且更重要的是科学家们也正在研究这一问题。加州大学戴维斯分校的心理学家彼得·亚纳塔（Petr Janata）和他的团队正在研究一种设备，他们将其戏称为"最佳状态放大器"（groove enhancement machine），简称 GEM：一个由计算机和鼓垫组成的网络，当志愿者和一台计算机一起进行节拍敲击时，研究人员可以改变他们之间的同步程度。最后，研究人员请志愿者们玩了一个游戏来测试他们合作的意愿。

到目前为止，研究人员只获得了初步数据，要想真正确定一起打鼓能更容易让人合作，还需要做更多的工作。亚纳塔认为："如果真是这样的话，你可以想象有人会带着自己的'最佳状态放大器'去参加公司董事会或国际领导人会议。这都是有可能的！"

那这一切会有负面的影响吗？同步运动的力量在于它完全绕过了理性思考，直击我们的情感。历史告诉我们，在错误的人手中，这可以成为一种强大的对人进行集体精神控制的方法。纳粹单臂敬礼于1934年被强制实施，人们每天在公共场所和学校里都要进行许多次，这和公众对希特勒思想的支持度上升是同步的。

在《合拍》（Keeping Together in Time，1995）这本书中，作者威廉·麦克尼尔认为，定期的集体敬礼为人们提供了定期产生"心灵联结"的机会，这传递出一个强有力的情感信息，即这是一场为人民服务的政治运动，而每个人都身处其中。他认为，纳粹党每年在纽伦堡举行的大规模集会，以及纳粹党的青年成员为到达那里而进行的长达800公里的游行，都起到了类似的作用。在整个历史中，同步运动都是为了使军队团结在一起，因为大家很喜欢成为集体的一分子。当某件事让人感觉很好的时候，大家就很容易沉浸其中，而忘记了它的对错。这个故事也告诉我们，每个人对自己与谁步调一致要有选择。

进入最佳状态

好消息是，如果你没有能愉快地跳双人舞的对象，或者有些人你不想跟他们接触，那你一个人也完全可以达到这种状态。根据彼得·亚纳塔的说法，关键是你要选择一首让自己"处于最佳状态"（in the groove）的音乐。这个词组是他在 20 世纪 60 年代发明的，2012 年添加到了神经科学的词典中。[18]

亚纳塔是一名音乐家，他留着一头卷发、山羊胡，热爱"感恩而死"（Grateful Dead）乐队。他将"最佳状态"定义为一种听音乐的体验，这种体验让你感觉非常棒，以至于不由自主地要动一下身体。我和他视频通话时，发现他坐在一张时髦的橘棕色丝绒沙发上，而身后是一堵深色的木板墙。

在他 2012 年的研究中，亚纳塔给一组学生志愿者播放了 148 首音乐，风格从 R&B（节奏蓝调）到民谣不等，然后问他们这些音乐是否让他们想跳舞，是否认为这很"美妙"。尽管小组成员对音乐的兴趣各不相同，但每个人的结论都是一致的。在所有这些音乐中，史蒂夫·旺达（Stevie Wonder）的《迷信》（superstition）始终稳居榜首。

和许多高分的歌曲一样，《迷信》采用了切分节奏，这意味着很多有节奏的动作发生在主节拍之外，要在这样的音乐中找到节奏比常规的随意跺脚更难，但当我们找到节奏时，我们会觉得自己是舞池里最酷的人，因为我们参透了这其中的秘密。这种通过扭动臀部、迈步，随着节奏的不同挥舞手臂来表达自己的可能性是无穷无尽的。

亚纳塔表示，这让人们感觉非常棒，因为这感觉像是一种"加入乐队"的邀请。所以即使当我们独自前行时，我们仍然能感觉到自身和比自己更大的事物联系在一起。而且，亚纳塔也指出，你并不一定非要在舞池里狂欢才能获益。他承认："我不是那种特别喜欢跳舞的人，就算我喜欢，也仅仅是那种幅度非常小的舞蹈。"但即使这样我仍然可以处于最佳状态。即使我不跳霹雳舞，我也可以拥有这些超级丰富的体验。

一起跳动的大脑

然而，这也可能导致我们更关注音乐，而不是与团队产生连接。茱莉亚·克里斯滕森（Julia Christensen）是伦敦大学金融城的一名神经科学家，舞蹈演员出身，她认为，被节奏所束缚也会使我们进入一种变形的意识状态中——在这种状态下，我们的身体无法处理我们的压力和痛苦。

其实在任何时候，我们都能清晰地意识到我们身体内外发生的细节。而我们只是没有足够的精力同时考虑外界输入的大量信息，这也很好理解：如果我们考虑所有信息的话，我们就会把注意力放在那些无关紧要的感官信息上。而我们只需要把注意力集中在那些最紧急的事情上，比如饥饿、紧急跳跃、紧急的电子邮件、急着赶火车等。总之，当你的注意力转移到其中一件事情上，你就会暂时忘记其他事情。

对我们如何集中注意力的一种解释是，大脑中与我们当前目标相关的不同部位的脑电波开始同步跳动，且远远超过了大脑活动的背景噪声。

如果这听起来让人觉得很熟悉，也没什么奇怪的，因为这与我们的动作和节拍联系在一起是相同的过程。而且克里斯滕森认为，这可以解释音乐是如何轻而易举地抓住我们的注意力的。因为我们所有的可用精力都在随着音乐起舞和控制身体运动这些丰富的感官体验上耗尽了，那涉及内省、对未来焦虑或对过去担忧的心理过程就会从我们的视野范围内消失。这是一种全身心的体验，就像度过一个假期，让我们从内心的想法和担忧中解脱出来。

这算是人类社会发现同样功用的药品之前，所采用的一种精神药物。克里斯滕森认为，正是这一点解释了部落仪式和狂欢文化中那种恍惚状态的吸引力。意思就是当你走出那种状态时，平静、清醒和连接的感觉会持续下去。如果这不是现代社会所需要的东西，我真不知道什么才是了。

用身体表达情感

事先声明，我不确定在专业的人看来，我的跺脚和拨弄头发的行为是否可以称作跳舞。但是，我也不想再看那些舞蹈教学视频了。

而根据凯文·爱德华·特纳的说法，那只是因为我和大多数人一样对舞蹈的真正含义有误解。我们所看到的大多数舞蹈都是专业人士在炫耀他们精心制作的舞蹈，这些舞蹈已经被打磨到了极致。它们看起来很棒，但也让我们不敢尝试。特纳表示，这就像我们拒绝踢足球是因为你觉得自己不能像 C 罗那样踢球。

特纳说："人们总认为要想成为一名舞者，身体必须要能连续转圈，但我做不到这一点，所以我不是舞者……而我想说的是，你可以成为一名舞者，你能用自己独特的方式舞动你的身体，来表达你的故事和经历。"

他在这里所说的意思并不是说随便摇摇屁股就行，而是用深思熟虑的动作来表达你最私人、内心最深处的感受。而大多数人都拒绝了这个想法，当然也包括我自己。但越来越多的证据表明，也许是时候让我们克服这一点了。

从科学的角度来讲，关于情绪到底是什么依然还存在争论。有些人认为，这是一种基于大脑的现象，然后刺激身体产生变化，比如心率加快和出汗。另一些人认为，生理反应是第一位的，然后大脑对身体的变化进行解读——比如我们感到害怕是因为我们的心脏在快速跳动，而不是先感觉到害怕才心脏快速跳动。

无论确切的顺序如何，情绪是一种身心现象这一点已经得到了证实。每个人的基本情绪的表达都非常相似，而且我们不需要任何训练就能从其他人的动作中读出这些情绪。

如果你认同这种观点，那就好办了：舞蹈并不是进化的意外结果，它实际上是一种古老的语言形式，是口语的前身。查尔斯·达尔文在 1872 年指出，人和其他动物都是通过肢体语言和自己的族群相互交流情感的，而这些肢体语言可以被他们族群中的其他成员理解。特别是在像我们这样的社会族群中，能够相互交流情感是使我们的社会发挥作用的关键。根据达尔文的说法，在口语出现之前，我们就是通过动作和手势来表达情感的。

事实上无数的实验表明，人们可以从对方整个身体的运动中有效地读取对方的情绪，甚至仅仅是看到某人身体的一部分动作就可以——例如模仿用杯子喝水时的手臂运动的情形，即使只是一些运动的光影点，我们也可以从显示器中辨认出它们。五岁的孩子也能做到这一点，你不需要和别人说同样的语言，甚至不需要了解他们的文化，就能像读书一样读懂他们。在一项研究中，舞者表演的是《舞论》（*Nāṭya Sāstra*）中的经典印度舞蹈，这是一部至少可以追溯到 2000 年前的印度教文本，它使用特定的动作来表达九种基本情绪，包括愤怒、恐惧、厌恶、快乐和爱等。来自美国和印度的志愿者都能够识别这些情绪，尽管美国人从未见过这种特殊的舞蹈风格。

特纳说他从来不教人如何用舞蹈来表达情感。他说："有些人需要鼓励，因为可能一部分人有不自信和身体方面的问题。但如果能创造一个安全、可信任的环境，那么人们就能真正接触到他们可能认为自己永远无法接触到的事物、感觉、情绪和身体。

我相信人的身体是解决任何问题的最佳方式。"

似乎是为了验证这一点，他在 2015 年编排并表演了《见证》这个舞蹈作品，他在其中探讨了疾病对自己和周围人的影响。现在，他花大量的时间来帮助那些患有抑郁症、焦虑症，体型糟糕和有慢性疼痛的年轻人。

想鼓励脆弱的年轻女性通过跳舞来表达她们的感情是需要一定魅力的。当我加入这个团体时，我觉得特纳肯定有这种魅力。因为他的热情很有感染力，他既有一种又酷又调皮的兄长气质，同时与人接触又很温柔、真诚，让每个人都感到自己很安全。因此，团体里的女孩们显然很崇拜他。其中一个人跟我说："特纳很棒，他就像一束光。"

他带领我们热身，同时敦促我们在房间里走动时要注意听从身体的力量。这就好像是一种魔法，整个团队的移动方式都发生了微妙的变化。当我们和重心保持协调的时候，第一次真正感觉到自己的脚着地了。它既能让人感到慰藉，又能让人平静。多亏了特纳这种把身体和情感的节奏联系在一起的运动方式，这种经历比我当初想象的更令人心旷神怡。

然后他教给我们一套简单的动作，一开始看起来似乎不可能做到，但当我们最终完成后，大家都露出了满意的笑容。但最能说明问题的练习是我们两人一组玩"跟随我的领导"这个游戏。游戏中两个人的指尖碰在一起，其中一个人闭上眼睛，然后领导者慢慢地带着另一个人在房间里转，不时改变速度和方向，而且尽可能把他带到高处或降到地板上，然后两个人互换角色。

在活动开始的时候，其中一名 17 岁的女孩看起来很焦虑。她目光低垂，肩膀耷拉着，在听到特纳的指令后她开始抱紧自己。但活动快结束时，我瞥了一眼她，看到她正自信地带着她的伙伴在房间里走来走去。她看起来就像变了一个人，笑容灿烂，肩膀也放松了，看起来可以接管整个世界了，这是一个惊人的转变。据特纳说，他们在这些训练中获得的信心也都可以慢慢地带到日常生活中。

他说："他们突飞猛进。当他们一走进我的工作室，我就注意到他们的姿态变了，一直在微笑。据训练者反馈，这也对他们的学业、工作和生活产生了积极影响。"

现在许多年轻人，尤其是女孩子都在为自己的心理健康和体型苦恼，其实舞蹈是一个很强大的工具，可以帮助她们跨过这些障碍，并开始从内心欣赏自己的身体。特纳告诉我，在这个团体中曾经有一个年轻的女孩，她对自己的体型非常的不自信。但在团体里待了几个星期后，她终于鼓起勇气又去游泳了。研究表明，这种积极效果并不是暂时的。注重外表的年轻女性患抑郁症的风险更大，但舞蹈已被多次证明可以改善我们的体型和心理健康。

只有"舞出你的感觉"，才能知道它们到底是什么，而在这一点上舞蹈能起到作用。人类是一个被自我认知（可能是独一无二的）天赋所诅咒的物种，有些人认为，与其检查我们的思想，不如通过与我们身体保持一致的节奏，从而更好地进入我们的内在情感世界。

但问题是有很多人无法做到这一点。据调查，有 10% 的女性和 17% 的男性需要很努力才能识别自己身体所表达的情绪感受，然后将它们用语言表达出来。在英国有 10% 的人同样如此，他们所占的比例和阅读障碍者的比例大致相同。这是一种叫作述情障碍的现象，虽然它被认为是一种人格特征而不是一种临床疾病，但是缺失了如此重要的沟通渠道本身也会导致精神疾病。[19] 抑郁症、焦虑症、注意缺陷与多动障碍和暴饮暴食都与之相关，还有慢性疼痛疾病，比如纤维肌痛症，这些症状都没有明显的生理原因。[20] 不难想象，它会对许多人产生严重的影响，导致困扰生活的压力和精神疾病大量出现。

古老的身体，现代的问题

重新触及我们的情感，可能会成为我们这个麻烦不断的社会所迫切需要的镇痛剂。一位神经科学家兼舞蹈演员丽贝卡·巴恩斯泰伯（Rebecca Barnstaple）的博士论文就是以这个为研究方向的。

她相信，通过舞蹈来调节自己的情绪并不是一件奢侈的事情，甚至也不仅是作为一种丰富我们日常生活的爱好。相反，她认为舞蹈对我们的情感生活的有效运转至关重要。

她还认为，舞蹈对我们的生理机能有着基础性的作用，能使我们处理身体发出的一些警报信号，使身体回到一个生物平衡的状态，在降低身体应激水平的同时重新收获幸福的体验。研究发现，持续几周的舞动疗法不仅改善了患有轻度抑郁症女孩的情绪问题，而且显著降低了其应激水平，同时还增加了血清素的水平，而其中血清素的缺乏与抑郁症有紧密关系。[21]

从某种程度上说，这些变化存在于任何一种运动中。但巴恩斯泰伯说，许多研究表明舞蹈在改善情绪、自我认知和自信心方面具有一定优势。她认为这是因为新的运动有助于我们学习新的方式来应对过去可能出现的情况，或未来会发生的情况。这有点像谈话治疗，区别只是用肢体语言代替了说话。

她对我说："当你真正体会到那种感觉的时候一切就不一样了。体验自己的感受和说出自己的感受是完全不同的，那是一种亲密的、直观的体会。"

这种舞蹈不需要强烈的节奏，甚至不需要任何音乐。巴恩斯泰伯认为，重要的是要专注于此时此刻的动作。她说，当你专注以后，甚至连走路都可以当作跳舞。就像我们冥想时自然而然地把注意力集中在呼吸上一样，把注意力集中在动作上能让我们在运动中掌握主动权，从而更好地选择运动方式。她认为这样的好处是一旦我们掌握了一些和自身实际紧密联系的新的运动方式，它就为我们处理认知、情感和情绪开辟了新的途径。

她认为除了这些，舞蹈还为我们尝试用新的方式来表达情绪提供了一个安全的空间。她说："这拓展了我们自身的可能性。我们本来就有无限的运动潜能，只要稍微开发一点，就意味着一种新的可能性。因此可以毫不夸张地说，这是在扩展我们的生命广度。"

从另一方面来说，如果我们整天坐在那里只动动手指头，那我们可能一生中只会拥有很少的运动技能，导致我们缺乏成为最好的自己所需的技能。

更有表现力的舞蹈形式也可以让我们有机会安全地和不计后果地尝试新的行为方式。比如，在面对对抗时会自然地退缩的人，在舞蹈中却能毫不畏惧地挺身而出。巴恩斯泰伯认为，这给了人们更多的行为选择的机会，然后他们就可以在现实生活中去尝试。再比如，一个人在以往的创伤性事件中（比如遇到街头抢劫）曾经退缩，这会让他感到无助，而这时候的情景重现可以给予他在当时迫切需要的控制感。

巴恩斯泰伯认为，舞动疗法中也采用了类似的原理。她说："一个经典的舞动疗程是用三个动作片段来表达一个短句，比如'过去的我，现在的我，将来的我'。"一旦人们把自身的经验融入舞蹈中，他们就可以回到过去并改写历史，或者要么改变事件本身，要么改变他们对事件的反应。这就提供了新的体验创伤的方式，这可比在谈话治疗中老生常谈更有建设性。

在某种程度上，舞动疗法与正念冥想正好相反。在正念中，重点是觉察想法和情绪，而不是与它们抗争或试图改变它们。而舞蹈不仅会在运动中放大情绪，它还让我们有机会改变自己对它的反应，让它成为我们想要的样子。

通过舞蹈更好地与情感体验和平共处还有其他好处。比如研究表明，舞蹈能让人更好地理解自己的情绪和他人的情绪。[22] 提高个人和社会情感能力可以帮助人们大幅改善心理健康，并建立更积极的社会关系，从而帮助自己应对未来的挑战。

但事实是，许多人宁愿用叉子插自己的眼睛，也不愿通过跳舞来表达他们的情感。根据以色列海法大学的神经科学家和舞蹈家塔尔·沙菲尔（Tal Shafir）的研究，这不一定是个问题。她在研究中分析了一些运动与基本情绪（如快乐和悲伤）直接的联系方式，这是具身认知理论的基本原则之一。她认为，从理论上讲，只要你在一天中的某个时刻做了其中的一些运动，你跳不跳舞都没有关系。

例如，"快乐"的运动往往包括轻盈的脚步、向各个方向的伸展运动以及重复的有节奏运动。在实验中，让人们做这些运动两分钟就能显著改善他们的情绪。《大家一起欢乐吧》（Hava Nagila）是一种包含了所有这些内容的犹太传统舞蹈，它缓解抑郁症状的功效明显优于相同时长的骑车运动。即使只是在椅子上伸个懒腰，或者在午休时故意走得轻快些，都能帮助你度过艰难的一天。

享受喧嚣

如果做不到这些，还有一种屡试不爽的方法，那就是在你的厨房里随着大声的音乐跳来跳去。可能这看起来并不雅观，但它肯定比其他运动方式让你感觉更好。[23]

这种感觉良好至少有一部分可能来自于我们从不会跌倒中得到的快乐。曼彻斯特大学前神经科学家、爵士音乐家尼尔·托德

（Neil Todd）认为，这一切都归功于我们内耳的平衡器官。

平衡是由前庭系统负责的，这是由三个充满液体的管道组成的系统。当我们点头、头部左右摇晃或倾斜时，液体会在敏感的毛发上晃动。这些信息会与来自一对耳石（一个称为球囊，另一个为椭圆囊）的信息相结合，从而监测重心的变化，然后告诉我们向哪个方向移动（如图所示）。

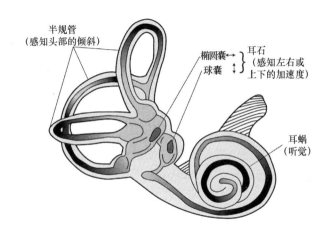

内耳前庭系统

对早期人类前庭系统化石的研究表明，随着我们直立行走的时间越来越长，我们内耳的大小和形状逐渐发生了改变，其中三个半环形通道中的两个变得更大了，这使我们对可能的摔倒变得更加敏感。这种敏感度的提升可能在不经意间增强了我们对舞蹈的热爱。[24]

正如托德所说，这是因为内耳直接连接到了大脑的边缘系统，而边缘系统是一种与快感有关的脑回路。这就是我们喜欢荡秋千、玩过山车或骑自行车冲下山坡这种运动的原因，因为所有这些都包含着高速飞驰。我们在空中飞行时大喊大叫的冲动来自于我们超敏感的前庭系统和大脑的兴奋区之间的紧密连接。因此，我们喜欢上下左右移动身体就不足为奇了。没有什么比驾驭自己的平衡器官让人感觉更好了，一旦你有了这种感觉，你就会想要不断地这样做。

当然可能还有别的原因。比如，当我们出去跳舞的时候，音乐必须开得很大声。托德认为这是因为当音量超过一定的分贝，就会准确地冲击到我们的耳石。

耳石是内耳的一个古老的部分，曾经是负责听觉和平衡的器官。例如，鱼类和两栖动物至今仍然通过耳石的振动来听声音。在许多动物中，随着时间的推移，耳蜗接管了听觉工作，而耳石专门负责重心的探测。但托德认为，我们的耳石仍然可以听到声音，特别是在低频或者超过 90 分贝时。90 分贝这个神奇的数字被称为"摇滚阈限值"，因为如果低于这个分贝，音乐似乎就无法让人动起来。[25]因此，在摇滚音乐会和舞蹈俱乐部中要把声音定在 90 ~ 130 分贝之间，而大部分的动作都发生在这个范围内。

两个耳石中一个叫球囊，它能探测身体上下的运动，而且对声音特别敏感。托德认为，这至少可以解释为什么我们会不自觉得跟着音乐摇头晃脑或单脚打着节拍，以及为什么很重的鼓点会让我们在舞池里摇头晃脑，而不是慢慢地移动。

而时髦的切分节奏更有趣，因为它们会让我们短暂地失去平衡，然后不断地迫使我们纠正自己。这就像一个笑话让我们发笑,是因为它背离了我们的预想,当我们意识到这一切是故意的时,我们就笑了。同样,节拍的错误会引发我们短暂的应激反应,但当我们发现一切都安好时,我们又会大舒一口气。

托德说,这也取决于前庭系统以及它帮助我们保持直立的方式。他说:"我们可以认为切分节奏有点像在运动中跌倒时的本能反应的触发器。"[26]换句话说,如果将人类行走描述为"可控坠落",那么舞蹈就更是如此,它能让人感觉自己在反复地拯救自己,这种感觉非常棒。

运动改变大脑:跳舞吧

- **跟着节奏跺脚**:或同步地摇头、挥拳。随着身体有节奏的运动,多巴胺会刺激我们的情绪,让我们感觉良好,甚至想要更多。如果你真的去做,你可能会发现你自己的意识状态发生了改变。

- **保持同步**:无论是在舞蹈课上还是在你选择的集体运动中与他人保持同步,都会使大脑中"我们"和"他们"的界限变得模糊。这会让我们在身体和情感上与他人更加亲密,更有可能合作。

- **放松脚步**:当你感到压力大的时候,可以休息一下,或者去轻快地散一会儿步,或者静静地练习弹跳。研究表明,脚步放松是快速改善情绪的方法之一。如果你把手举起来,摆出一副不在乎的样子,你就能得到额外的快乐。

- **让自己失衡**：做一个侧手翻、骑山地自行车，或者一边跳舞一边摇头。内耳的平衡系统与大脑的快乐中枢相连，而那种有点（但不完全是）下落的感觉是跳舞使我们快乐的原因之一。

第五章 "核心"利益

"直起腰来！"

——我们每个人的母亲

1945 年，普拉提的发明者约瑟夫·彼拉提斯（Joseph Pilates）大胆地宣称"仰卧起坐"可以"放松神经"，并且可以消除因紧张情绪在体内产生的"毒素"。[1]但一直以来，彼得·斯特里克（Peter Strick）都在嘲笑这是一种无稽之谈。作为一名神经系统学家，他永远都在杞人忧天，他很清楚自己如果总是这样沉湎于过去的错误，那对他的健康是很不利的。虽然多年来他一直在追踪身体和大脑之间的神经通路，但他仍然没有发现任何生物学基础来支持这种想法，即锻炼自己的肌肉群会对改善情绪有任何帮助。

他说："我的孩子会说，'也许你应该试试普拉提或瑜伽，让它们来帮助你减轻压力'。但我会说，算了，还是让我休息一下吧。"紧接着他面带哈里森·福特（Harrison Ford）那样似笑非笑的表情补充说道，"我研究过了"。

斯特里克是匹兹堡大学的神经科学教授，他一直以来都是一个严肃的人。但他那对人温和的态度以及他对自己所面对的压力

的坦诚弱化了这一点。在匹兹堡大学的办公室里，他向我介绍了
他的情感支持犬，一只名叫米洛的巨型雪纳瑞。米洛显然很认真
地在对待它的工作，当我坐在他们俩中间时，它就开始轻轻地
咆哮。

在我们讨论是什么改变了他对普拉提的看法这件事之前，斯
特里克先向我简要介绍了他近来的研究。他毕生的工作和理想就
是绘制脑部地图，通过地图来展示大脑和身体在复杂的神经回路
中是如何产生联系的。这项工作很费力，也很无聊，这是神经科
学领域的工作，但做起来有点像玩"猜火车"游戏。而斯特里
克坚持认为，只有通过追踪我们的神经系统及其主要的互动路线
图，我们才能看到身体的哪些部位在相互交流，以及与大脑进行
交流。只有知道了这一点，你才能开始理解它们在表达什么以及
为什么要这样。事实上，他是第一个发现小脑（曾经被认为只处
理运动）与大脑中处理情感和认知的区域之间的神经链接的人。[2]
所以，这项揭示认知、情感和运动之间隐藏的联系的工作非常适
合他。

经过在这一领域几十年的研究，他确信，没有科学的理由可
以解释为什么在运动中把自己的身体扭曲成那种不自然的姿态能
够让人在一定时间里远离烦恼。但最近许多实验的发现使他要重
新考虑这一点。2016 年，他和他的研究团队几乎是偶然发现了
一条神经通路，它将我们的核心肌肉的运动控制与肾上腺连了起
来，而肾上腺是人体应激反应的第一道防线。

这一发现有助于解决一个在心理学研究领域备受诟病的争

论，即身体姿态如何与精神状态相关联。它也提供了一个生物学基础，很好地解释了为什么像普拉提、瑜伽和太极这一类涉及核心肌肉的运动可以缓解压力、抑郁和所谓的"身心"疾病，因为这类疾病没有明显的身体因素，往往被认为"问题都出在脑子里"。

另外，斯特里克也不会为自己找借口。他喜欢引用《哈利·波特与死亡圣器》中的一句话，那是在一次濒临死亡时，哈利问校长邓布利多的鬼魂："这是真的吗？还是只是我的脑子想象的？"邓布利多回应道："哈利，这些当然都是在你脑中发生的，但这并不意味着它们就不是真实的。"斯特里克说："就是这个意思，这些回路都是真实存在的。"

斯特里克和邓布利多不是唯一有这种联想的人。神经科学家们已经花了很多年来认识大脑，发现大脑就像一个黑箱，从外界接收信息，处理后再进行输出。只不过从现在开始他们意识到要真正地理解大脑，不能单单考虑大脑，还需要把脖子以下的事情考虑进去。

没有一个现成的词可以概括这个美丽的新世界，部分是因为在不使用像"整体"（holistic）这样的词的情况下，很难将大脑和身体联系起来。"整体"这个词虽然准确，但几十年来已经被华而不实所玷污了。在与研究身体内部信号如何进入意识的神经系统学家迈卡·艾伦（Micah Allen）交谈时，我才发现陷入这种困境的不止我一个人。他告诉我他所研究的是"大脑—身体相互作用"，但他承认这并不完美，因为听起来大脑和身体仍然是两个独立的实体。不过，他认为这仍是一种尝试，希望可以摆脱"那种老旧的输入输出的理念，继而转向更有活力、更具体的理念"。

在这个意识作为一种身心现象的新观点中，身体核心区域似乎是一种特殊的存在。首先，它几乎覆盖了我们身体中所有内脏器官的区域，这意味着它是许多内感受信息的发起点，这些信息让大脑了解了身体内部的情况。巴黎神经学院的神经学家凯瑟琳·塔伦-鲍德里（Catherine Tallon-Baudry）推测，我们的器官处于身体的中心位置可能是我们有第一人称视角的原因。她认为，我们之所以会感觉有一个"我"从我们身体的中心向外看，是因为身体会对来自心脏和内脏的无意识感觉进行监控。而这两者都能产生独立于大脑的电信号，以此作为一种身体核心区域的持续运作的"时钟"，从而为我们建立自我意识提供了一个可靠的参考点。[3]

身体躯干特别是核心肌肉，正好位于身体的中心。这就是为什么任何一个普拉提老师都会告诉你，它们对身体姿态和平衡至关重要。即使在我们不动的时候，人体的核心肌肉也会处于较低水平的紧张状态，这样即使我们的身体处于放松状态，它也会使我们的上半身保持直立。当我们运动时，它的核心区域会保持中间部分的稳定，这样就可以保证我们在探索世界和与世界互动时不会摔倒。

因为这种"支撑"功能是自动发生的，所以很长一段时间里，认知被认为对这种平衡没有任何作用。但最近的研究表明，身体和心理的平衡比你想象的要更重要。

在实验中，志愿者们被要求站着思考——实际上，这个测试有点像科学版的"沃利在哪里？"（Where's Wally）——研究人员发现，当站立的时候，健康的人会用他们的核心肌肉和其他肌肉来减少上半身的晃动，使自己的注意力能集中在任务上。[4]同样，如果人们必须集中精力来保持身体平衡（例如，在复杂的地面上行走），那么就会导致认知能力受限。

但是只有当我们的认知能力威胁到身体的平衡或者出现相反的情况时，这才会成为一个问题。在世界范围内，摔倒是仅次于交通事故的最常见的意外死亡原因。虽然摔倒对60岁以上的人影响更大，但令人担忧的是，我们身体容易摔倒的时间似乎在提前。[5]在一项超过1000人的研究中发现，女性的身体平衡能力在30多岁达到顶峰，然后开始逐渐下降。而男性身体开始失去平衡的时间更早，甚至在20岁到29岁之间就开始出现，尽管他们天生就有更好的平衡能力（也许是因为他们的肌肉更大）。[6]随着时间的流逝，我们的认知能力也开始下滑。不管脑力培训公司宣传什么，在年老时保护认知能力的最佳方法不是多思考，而是尽可能地保持身体活跃。这可能是因为任何一种运动都能加强身体核心的平衡能力。这也解释了为什么有一些研究发现，与身体姿态相关的运动，比如太极，既能提高认知能力，又能降低老年人跌倒的风险，因为在这些运动中并不需要花太多的精力去考虑如何保持身体直立和平衡。[7]综合考虑，我们至少应该从中年开始就要锻炼身体的核心力量。

保持身体平衡

至于核心力量控制和情绪控制之间的联系（这是斯特里克的主要研究领域），有越来越多的证据表明，情绪稳定也有助于身体稳定。例如，对老年人的研究表明，害怕摔倒本身就是摔倒的头号风险，部分原因是它改变了身体姿态，使身体更佝偻，更失去了平衡。不仅如此，多年来的心理学实验也表明，身体姿态对心理状态也很重要。包括焦虑、抑郁和精神分裂症在内的精神疾病都与身体姿态的改变有关，而姿态的改变会增加患病的风险。[8]

明确核心肌肉的激活和情绪反应之间的联系很重要，因为尽管大量的心理学研究都指出了这一联系，但没有人能找出一个令人信服的机制来解释为什么直立的身体姿态与积极、强大和有控制力的感觉有关。而另一方面，弯腰驼背确实会让你看上去很挫败。如果没有这个关键部分，人们就很容易把直立的情感益处误认为是期望效应导致的（期望效应是指如果总是有人告诉你这样做，那它一定是"好"的），而最糟糕的情况是大家认为这是由糟糕的研究衍生出的伪科学。

社会心理学家艾米·卡迪（Amy Cuddy）就为此付出了代价。早在 2012 年，那时她还是哈佛商学院的一名研究员，当时她在 TED 大会上发表了一个关于所谓"身体姿态的力量"的演讲，引起了很大的轰动。当时她与纽约哥伦比亚大学的达纳·卡尼（Dana Carney）和安迪·亚普（Andy Yap）进行了一个实验。

实验中，她要求其中一组被试身体保持"伸展"的姿态，并尽可能地占据更多的空间：双腿分开，双臂高举，或向后靠在椅子上，同时双脚放在桌子上，整个过程持续两分钟。第二组被试被要求瘫坐在椅子上或者胳膊交叉着放在胸前。一段时间之后，摆出强势姿态的那组被试报告说感觉自己比那些瘫坐在椅子上的人更有力量，而且能更好地应对压力。研究团队解释说有力量的身体姿态会降低血液中应激激素皮质醇的水平，同时提高睾丸素的水平。[9]

这个说法就这样开始流行起来了，而且卡迪的 TED 演讲的浏览量在全部 TED 视频里排名第二，媒体也大肆报道了这件事。卡迪因此成了一名畅销书作家和全世界受欢迎的励志演说家。可问题是当其他心理学家重复这些实验时，他们没有发现同样的结果，这时候整个真相开始被揭开。这种反转非常残酷，卡迪因为宣扬有缺陷的科学结论和通过研究寻求名声而受到同行的抨击。就连最初一起研究的人员达纳·卡尼也否认了这项研究，认为研究结果"不靠谱"。卡尼甚至拒绝就此接受媒体的采访。[10]但随着越来越多的心理学家对这个观点开始有不同的意见，大家已经开始重新审视这个观点。目前的状况是身体姿态似乎很重要，虽然我们不知道为什么，但可以断定，这可能不是荷尔蒙的作用。

但无论如何，最近对该领域的一项研究综述似乎证明，对任何想要利用它的人来说至少部分研究是正确的：采取一个扩张性的身体姿态似乎会让人感觉更强大。[11]不出所料，卡迪自己已经完全离开了这个领域，现在她的注意力集中在成年人之间欺凌的影响上。

虽然卡迪的注意力已经转移到其他事情上，但其他心理学家仍报告称，我们站直或坐直了会让人产生控制感，这和想要藏起来是完全不一样的感觉。懒散——卡迪称之为"收缩"的姿态，同时也与挫败感、社交退缩和疲劳感有关。

同样的身体姿态——抬头挺胸与垂头丧气——也出现在其他群居动物身上，表明这可能是一种天生的而不是后天习得的行为。直到今天，懒散仍然是一种社交信号——向对手传达"我放弃了"，以及在我们需要的时候向支持者传达"帮帮我"的信号。然而，人类的伟大之处在于，我们拥有元认知的能力：能够反思我们的行为、思想和感受，并使它们变得更好。通过注意我们的身体姿态并有意识地调整，就有可能进入这个自动系统并改变身体姿态，从而改变大脑中"我现在感觉如何"的内容。

为此，新西兰奥克兰大学的健康心理学家伊丽莎白·布罗德本特（Elizabeth Broadbent）一直在研究改变身体姿态是如何改变我们应对压力的生物学方式的。已有的研究表明，坐姿慵懒的人更容易记住表中的消极词汇，而坐直的人更容易记住积极词汇。带着这样的思路，她让志愿者们经历了一场标准化的恐怖实验：志愿者必须在短时间内写好演讲稿，然后在一群看起来很挑剔的陌生人面前演讲。事实证明这确实会提高心率、血压和使手心出汗，而且如果一个人本来就心情不好，那这会让他们感觉更糟。

但是布罗德本特的研究表明，当坐直了或者站直了的时候，志愿者会有更多积极情绪、较低疲劳感和较低焦虑，这恰好证明了这样的身体姿态可以带来更积极的心理状态，可以缓解压力。而消沉会导致相反的结果——志愿者们会感到痛苦、挫败和缺乏活力。此外，当她和同事们分析志愿者的演讲内容时，他们发现"身体姿态良好"的那一组人用第一人称讲话的频率也较低，这表明他们对自己的关注较少。这样的结果是惊人的，因为倾向于向内关注是抑郁的一个特征，而且抑郁的人总是倾向于打倒自己并沉湎于过去的错误。

在另一项由布罗德本特团队独立进行的研究中，研究人员对人们在跑步机上站直了行走或者低头看自己的脚时，分别进行了同样的压力测试，也测量了他们的生理指标。在正常情况下，毫无准备地发表演讲确实会提高人的心率和血压，并使人出更多的汗。然而，研究表明，与弯腰驼背相比，挺胸抬头走路可以显著降低血压和减少出汗量。同时它也能让被测试对象更警觉，不那么累。这个特殊的实验并不能说明是因为挺胸抬头地站立本身降低了血压，也可能是因为站着本身对压力反应就有影响，或者两者都有。不过，在演讲结束后的恢复期，挺直腰板的人出的汗也少得多，这表明他们比那些压力太大、无精打采的人恢复得更快。无论这背后有什么严密的机制，挺胸抬头站立可以缓解压力的这个发现是我们每个人都可以很容易实践的。

布罗德本特推测，这背后的机制肯定不止一个。虽然她还没有在研究中验证这一点，但懒散的身体姿态和抑郁的一个主要特征就是眼睛倾向于看地板，而这显然会影响我们所能看到的和我们有可能互动的事物范围。她推测，这很可能会使人把注意力转向自己。即使是简单地看看周围的世界，我们也会自然而然地希望与外界有更多的互动。此外，懒散的身体姿态还有可能对心脏、肺和血管造成影响，继而可能会影响血压和氧气的输送量，最终影响身体的活力。

尽管布罗德本特并没有为她的发现建立一个理论（她说："我认为在得到足够的研究支持之前，对于自己的主张保持一点谦虚总是有好处的"），但她明确地传达了一个讯息：如果你站直了直面这个世界，会更容易度过糟糕的日子。

当然，我们也有更系统的方法来获得这些好处。直立和伸展的身体姿态是瑜伽和太极的关键特征，而这两个运动都是彼得·韦恩（Peter Wayne）重点关注的领域，他领导着哈佛医学院奥舍综合医学中心。韦恩既是一名太极拳教练，也是一名研究员，他最初从事生物进化学研究，而最近更多是从事整体医学研究。在早期职业生涯中，他曾师从传奇生物学家爱德华·威尔逊（Edward Wilson）。韦恩提到，威尔逊在一次关于肢体语言进化的讲座中展示了一系列来自世界各地的人做着"胜利"姿势的图片，他说："当时我就哭了，因为我当时已经在教太极了，这让我想到也许这就是太极拳里会有这么多姿态的原因。也许我们在瑜伽中所做的这些姿态都暗含了某种精神品质。"

在最近的一项对具身认知和运动的分析中，韦恩证实了这一点——具体来说，是改善了情绪并带来一种平静的专注感。他引用禅师铃木俊隆（Shunryu Suzuki）的话说："这些身体姿态不是获得良好心态的方法，运用这些姿态本身就是一种良好的心态。"[12]

面对压力

回到彼得·斯特里克的实验室时，米洛已经停止了咆哮，但它仍用它的大眼睛盯着我。斯特里克说到他的团队正在致力于相关研究，不仅要解释身体姿态对我们的精神状态为何如此重要，还要尽可能地为我们提供更好地应对现代生活压力的工具。

其实，斯特里克研究压力系统完全是出于偶然，之前他一直都在研究运动皮层。运动皮层是一块像发箍一样的脑组织，当人体需要运动的时候，它负责向肌肉发送信号。2012 年，一位名叫戴维·莱文塔尔（David Levinthal）的胃肠病学家加入了斯特里克的研究团队，他对使用斯特里克的神经追踪方法来探索压力如何影响肠道健康很感兴趣。在当时，运动因素还没有被考虑进去。莱文塔尔仅仅想知道为什么如此许多的肠道问题会因为压力因素恶化，他计划通过追踪与大脑收到压力信号有关的神经元来寻找答案，看看它们是否会落在某个脑区，继而影响胃的健康。

而作为一个整天杞人忧天的人，斯特里克对这个问题很感兴趣。他回忆说："小时候我胃痛，父母带我去看医生。医生会说：'他没什么问题，他只是心理问题，都是他自己脑子里想出来的。'"与莱文塔尔的合作项目为斯特里克提供了一个绝佳的机会，以肾上腺（应激系统的一部分）为目标，追踪通往大脑的神经回路，来确定那位对自己胃痛的问题不屑一顾的医生到底对不对。

肾上腺位于肾脏上方，负责分泌肾上腺素，肾上腺素负责产生"战斗或逃跑"的反应。大部分的"战斗或逃跑"反应源自肾上腺的核心部位——肾上腺髓质，它由改良的神经细胞组成，不仅能释放肾上腺素进入血液，而且还有超高速神经通路直达脊髓和大脑。

追踪神经通路是一个复杂棘手的过程，所以大家不经常这么做。它包括将病毒注射到被研究的器官——还得是在理想情况下只感染神经元的病毒——然后等待病毒通过神经系统传播，再回到大脑。之后，大脑样本可以被标记上一个记号，进而显示病毒的去向。

经过多年对各种病毒的努力尝试，这其中包括脊髓灰质炎和几株疱疹病毒，斯特里克和他的同事们发现，这其中最好的病毒是狂犬病病毒——它会使用体内的神经通路作为快速通道来进入脊髓，从那里它可以直接进入大脑。病毒在单个细胞之间的传播是需要从一个神经元到另一个神经元的，而这样沿着神经链传播的过程往往需要几天，有时是几周的时间。但是通过使用只感染神经元而不触及周围组织的狂犬病毒株，我们可以清楚地看到特定的传播路径通向何处。显然，使用狂犬病病毒——目前尚无治愈的方法——必须排除进行人体实验的可能性。

有几只猴子在实验过程中死亡这个事实是无法掩饰的。我是一个动物爱好者，斯特里克也是。在匹兹堡逗留期间，我们多次讨论了伦理问题。最终我们一直认为，没有简单明确的答案。支持使用猴子作为研究对象的理由——它们的大脑与我们的非常相似——同样也是不用它们做实验的理由。用老鼠作为研究对象可能没有那么多的争议，但斯特里克同样认为，那样也就没有什么意义了，因为啮齿类动物缺乏人类所拥有的非常特殊的大脑皮层。他说，这就像一个古老的故事：一个醉汉在路灯下寻找他丢失的钥匙。当一个路人停下来帮忙并问他丢在哪里的时候，醉汉说"在那边的公园里"。路人又问："那你为什么在这儿找？"醉汉回答说："因为这是我能看见的地方。"

斯特里克说："我们当然可以选择研究啮齿动物，但是最后什么也得不到。这是一种选择，但这是在灯光下寻找答案。如果你想了解这些系统，在非人类灵长类动物身上进行负责任的实验是唯一的选择。"

归根结底，这是一种价值判断，只有在你权衡是否为了人类的需要可以不择手段之后，才能做出选择。斯特里克煞费苦心地指出，这些猴子并没有任何狂犬病症状。当病毒通过神经系统时，在长达数周的时间里没有任何迹象显示它的存在。他还指出，我们几乎没有治愈神经系统疾病的方法，部分原因是我们不能完全了解神经系统是如何连接在一起的。他说："我理解那些觉得我们不应该这样做的人。与此同时，我也认为有必要通过研究来改善人类的生活条件。"

核心区域是关键

许多人一生都处于轻微的焦虑状态，所以我们很容易低估压力对我们自身状态的影响。慢性压力几乎与所有威胁生命的疾病的风险增加都有关，例如心脏病、癌症、老年痴呆症和抑郁症等。此外还有社会和经济成本的不断上升、物质上瘾和犯罪，所有这些或多或少都与人们被生活的挑战所压倒有关。找到控制压力的生理途径，不仅可以使有效的压力管理更加可行，而且大大提高了效率。

肾上腺髓质与大脑的运动相关区域相联系这一发现不仅重要，而且令人吃惊。因为这提供了另一种应对压力的方式，这和试图改变人的思维方式或根深蒂固的情感模式完全不一样。这还意味着也许我们应该认真考虑把它作为支撑心理健康的重要因素之一，要像重视正念冥想和认知行为治疗等干预措施一样重视运动，而不是把它作为可有可无的手段，仅在口头上说说而已。

至于我们应该如何运动这个问题，斯特里克在通过观察猴子大脑的运动皮层，发现其与肾上腺髓质之间的连接绝大多数都在核心运动的脑区之后有了答案，他说："毫无疑问，运动非常重要。而且，激活核心区域对肾上腺髓质的作用比其他任何区域都大。"

然而，压力控制系统并不是完全依赖核心区域运动。很明显，除了远离压力源，我们还有其他的方法在紧急情况下保持冷静。与肾上腺髓质的大部分连接来自大脑的认知（思考）区域，特别是那些帮助我们理解相互冲突信息的区域。当我们自己摆脱了麻烦，或说服自己摆脱焦虑时，很可能就是这些区域在发挥作用。同样，在正念冥想中被激活的前额叶皮质情感的相关区域也与肾上腺髓质有关，这可能解释了正念是如何缓解当下的压力的。

有趣的是，一个处理背部感官信息的大脑区域也与压力系统有关，这可能解释了为什么拍一拍或揉一揉哭泣的婴儿的背部就能使他们平静下来，然后进入睡眠状态，以及为什么背部按摩能够让人如此地放松。

在控制脸部和眼睛周围肌肉的运动皮层中也有一些与肾上腺有关的部位，这些部位会被真诚的笑容所激活，这种笑容会让你带着鱼尾纹的眼睛闪闪发光。在实验中，研究人员通过让志愿者解答一个非常烦人的问题来使他们的这些肌肉收缩，因为这个问题听起来很简单，但做起来很难。他们的任务是在两分钟内用非惯用手在一张纸上画出星星的轮廓，画得越多越好，获胜的人将获得巧克力的奖励。而难点在于纸被藏在一个盒子里，只有通过镜子才能看到他们的手部运动。更糟糕的是，志愿者被告知大多数人能在两分钟内画出 8 颗星星，错误的地方不超过 25 处。但真相是：平均每人只能画出 2 颗星星，有超过 25 处的错误。研究发现，尽管这项任务会引发愤怒，但与只露出牙齿的人相比，自始至终微笑着的人压力更小，而且从压力中恢复得更快（通过测量心率得知）。[13]

这表明，精神和情绪上的压力不仅可以通过思考或谈论你的问题，甚至抽出时间放松一下来缓解，还可以通过运动激活核心区域的肌肉来实现，或者只是做一些让自己微笑的事情。如果你突然捧腹大笑，就可以一下子拥有应对压力的两大法宝，因为最近有研究发现，大笑比仰卧起坐更能起到锻炼核心肌肉的效果。[14]但是如果你的朋友不是那么幽默，那么不妨考虑一下大笑瑜伽，它使用呼吸练习和其他一些运动来锻炼人们在真正大笑时使用的肌肉。这虽然听起来让人比较尴尬，但研究结果证明这样做确实有效。强迫自己假笑也会像真笑一样改变你的生理机能，从而让你更快乐。[15]大笑瑜伽还被证明有助于减轻焦虑和压力，这使得它成为治疗抑郁症的潜在补充疗法。[16]

肌肉、神经与躯干

说到核心肌肉被激活从而发挥作用的最重要的机制，可能和肾上腺髓质的生物特性类似，即当它感受到身体在运动时，它就会迅速地意识到有一些基本的生理状况需要处理。

这又回到了我们拥有大脑的最初原因：大脑能让我们以适当的方式运动身体，从而采取适当的行动。在有压力的情况下，这可能意味着一个全面的战斗或逃跑反应，需要分泌足够的肾上腺素去逃跑或为生命而战。或者在不那么激烈的情况下，它因为感受到身体在运动，从而会发送一个较低水平的信号来激活肌肉。

任何一种运动都涉及来自身体交感神经系统的输入，而交感神经系统是通过调节血管宽度来调节血液流速和心率的，并完成保证我们运动的所有幕后准备。这种联系也是双向的，这意味着反应的强度会不断调整，以满足身体和紧急行动的需要。

任何运动的一个重要基础是躯干要稳定，原因很简单，因为它为四肢的活动提供了基础。斯特里克说："当你需要站着伸手去够东西的时候，如果你不绷紧相关肌肉，你就没法保持站立。"他还补充说，几乎任何运动都涉及骨盆底肌肉的收缩（也是核心部位的一部分），正如他所说，"你绝不希望你的肠子从屁股里出来"。

唯一的问题是，斯特里克所做的那种神经追踪没法分辨出向肾上腺发出的信号是"加速"或"放松"，还是两者都有。但是斯特里克认为，多亏了这些心理学研究，我们知道身体姿态会影响我们的感受。"其实我们掌握了很多关于身体姿态的线索。比如当你看到一个人很沮丧，那他们的姿态会很糟。而相反，站直了会对情绪有一些积极的影响。"

我以一种烦人记者的方式继续追问他。我暗示说，也许这是一个"冷静"的信号，或者是一个停止加速的信号。他回应道："咱俩对这个问题的洞察差不多。至少我们能确定的是，核心肌肉对肾上腺髓质有更大的影响，因为我们有很多证据表明，核心肌肉有减轻压力的作用。我觉得这就足够了，至少现在是这样。"

坐直了笑

好消息是，虽然很多人因为忽视了运动这种减压的方式而整天坐着，但核心肌肉会参与一切活动的事实不会改变，这意味着无论你选择如何运动，它都会有助于缓解你的压力水平。在压力特别大的时候进行一些剧烈活动，可能有助于向神经回路传递一个信息，即身体已经脱离了危险，应激状态可以消除了。保持核心肌肉状态良好也可以帮助延缓中年人平衡能力的下降。

调整日常习惯可以带来更多的好处。例如坐着可能像吸烟一样有害健康，但能够使核心肌肉参与进来的坐姿方式——无论是坐直、跪着还是蹲在健身球上，都比瘫坐在沙发上、膝盖上放着笔记本电脑要好得多。当然还有步行和竞走。在伦敦或纽约当你抬头挺胸，并对所有人微笑，这可能会让你感受到一些奇怪的目光，但这也对应对城市生活的压力很有帮助。

患有压力相关疾病的人做这些运动可能会受益更多。作为斯特里克在匹兹堡的同事，胃肠病学家大卫·利文塔尔（David Levinthal）和团队的思路也是一样的，他告诉我说，人们越来越觉得曾经被定性为"身心失调"的肠道疾病实际上是一种身心互动的障碍，而核心肌肉的运动可能会对它的康复有所帮助。

在这方面研究人员还有一个有趣的发现，在健康的人体内，当肠道在消化系统中运送食物和气体时，核心肌肉会自动收缩来抵消腹内压力的变化。利文塔尔说，有些肠易激综合征（irrita-ble bowel syndrome）患者的这种反射不能正常进行，这可能解释了为什么肠易激综合征患者经常会有腹胀。通过瑜伽治疗肠易激综合征的临床试验出现了令人可喜的结果，它既缓解了肠道症状，也缓解了焦虑，这支持了锻炼核心肌肉可能对解决压力和肠胃问题有帮助的观点，或许在一定程度上这得益于核心肌肉的强大。事实证明锻炼核心肌肉有以下几个方面的好处：不仅通过激活身心神经通路减轻了我们的压力，而且也使负责收腹的肌肉变得更强大。[17]

利文塔尔说："从临床上看，我认为瑜伽、太极、普拉提都是一种更宏观的减压手段的一部分。我们必须承认，核心肌肉的锻炼在其中发挥了作用。"

把一切联系起来

综上所述，核心肌肉似乎像是一个共同基础，它把跳舞、走路或后空翻等许多不同的运动方式与情绪控制联系起来。尤其是腰部肌肉，它连接脊椎和大腿骨的顶部，而且也和隔膜紧密缠绕在一起。当我们走路或跑步时，它也是负责将腿向上或向前拉的肌肉。

由于腰肌在身体中的位置，它将呼吸与运动联系起来，而在瑜伽、普拉提和基于舞蹈的将这两者结合起来的回旋运动中，腰肌是将压力反应与逃跑的身体行为和持续的超深呼吸联系起来的肌肉。理论上说，由于久坐会缩短腰肌，所以我们都如此紧张也就不足为奇了：我们总是处于一种随时的应激状态。

虽然到目前为止，这些结论的得出都是基于大量的推测和很少的研究，但是考虑到斯特里克已经发现的压力反应和核心肌肉之间的联系，这已经非常有趣。通过更多的运动来拉伸和润滑腰肌，同时强化腰肌和其他部分的核心肌肉，可能有助于建立更健康、更有适应性的压力反应。

现在需要具体研究的是，与其他干预措施相比，强化核心肌肉作为一种特定的压力控制方法效果到底怎么样。到目前为止，已经有证据表明普拉提可以改善心理健康，[18]但是，对于关注该领域的研究者来说，至今尚不能将此仅仅归因于核心力量强化，而不是呼吸、独处和保持平静等其他因素。

大卫·利文塔尔是第一个承认对此还需要做更多工作的人。但是他补充道："大脑中控制腹肌的位置恰好位于中间，这似乎太巧合了。"

在我看来，在我们期待这个问题最后的答案时，其实已经有足够的证据表明，努力让这些关键的肌肉变得尽可能强壮是值得的。至少，它会改善我们身体的姿态，而我们知道这对情绪和认知的改善几乎立竿见影。而且，锻炼这些身体部位也没有坏处，还可以为其他运动提供基础支撑，从而不断改善生活质量。无论你是通过瑜伽、跳舞、走路还是在健身房锻炼，都可以达到目的。

运动改变大脑：关注核心区域

- **锻炼核心肌肉**：跑步、普拉提、瑜伽、游泳，无论什么运动。任何激活核心肌肉的运动方式都会通过大脑向肾上腺发送信息，从而调节压力。尽管我们还不知道这其中确切的原理，但锻炼核心肌肉似乎能让我们的身体保持冷静。

- **笑一笑**：大笑对核心肌肉的锻炼比仰卧起坐更有效，因为它的减压特性超越了核心肌肉到大脑的通路。而且如果你能同时调动自己的眼睛笑，那就更能缓解压力了。

- **坐直了，站直了**：当你没精打采的时候，你很难积极思考，而坐直或是站直会带给你更多积极的想法。抬起头，注视前方，你会收获多多。

第六章　拉伸一下，赶走焦虑

"弯曲使我不易折断。"

——无名氏

一只小白鼠正在哈佛大学的实验室里做出下犬式动作，它半闭着红色的小眼睛观望着一切，好像和我一样正在享受着这个世界。

良好的拉伸可谓人生的最大乐趣之一，它也是通过运动让感受方式得到改变的最快方法，特别是当你已经在椅子上坐了好几个小时的时候。

我们已经越来越清楚，拉伸的功能远不止放松紧张肌肉。事实上，哈佛大学通过对这些快乐小白鼠的研究发现，拉伸能让我们的全身都得到重启，对身心产生深远影响，甚至可以影响到我们健康和幸福的生物学基础。

严格来讲，在长时间静止不动后，做做拉伸能起到和上瑜伽课差不多的作用。当你高举双臂站立成字母 Y 的形状，肩胛骨后缩时，你张大嘴巴打个哈欠，打到好像下巴都要脱臼了，这个动作是一种发自本能的"伸体哈欠"，是完全不受你意识控制的。这在哺乳动物和一些鸟类中司空见惯，这种动作可能已经进化为一种反射，用于在休息之后帮助身体唤醒肌肉——激活通往大脑的感觉神经，提醒大脑此时肌肉们都已经整装待发，身体随时可以移动。

可是我们在成为人类之后，却鲜少做出这种让人愉悦的动作了，反而与拉伸本身的乐趣渐行渐远，我们只是将其视为运动前后"应该要做"的动作。然而我们是否真的应该做这个动作，结论尚不明晰——科学家们对于拉伸是否能让我们在运动过程中减少受伤可能性的意见不一，对于其是促进了运动成绩还是阻碍了运动成绩也存在分歧。尽管如此，科学家们还是在身心交互影响的背景下发现了更有意思的东西。有新证据显示，拉伸能使身体组织的物理和化学特性在分子水平上出现变化。而身体组织的物理和化学特性改变反过来又会通过免疫系统引起全身上下的连锁反应，这对身心健康以及身心二者间至关重要的纽带都有重大的意义。

拉伸的这一新功能之所以让人惊讶是因为它揭示出拉伸并非只和肌肉有关。我们之前已经知道，拉伸肌肉可以帮助因久坐而变得紧张的肌肉恢复到放松状态，坐姿带来的紧张会影响颈部、肩部和臀部，部分原因是我们坐着集中注意力的时候，头部需要静止不动才能保持身体和内心的专注，而这些部位的肌肉需要竭尽所能才可以做到维持头部静止。而且当我们坐在椅子上时，我们还会拉紧后背下方的肌肉同时缩短下半身前部的肌肉，包括髋屈肌和腰大肌。如果能在坐了一阵子后记得做做拉伸，就可以帮助我们缓解肌肉的紧张，若能经常这样拉伸，可能会摆脱长期的身体僵硬。

而免疫链条则完全来自另一种组织：筋膜——这是一种让我们的身体各处连在一起的结缔组织。你有没有好奇过，我们身体里的诸多器官是如何相安无事地待在自己的位置上？又是如何避免了彼此碰撞乱作一团？这就要归功于筋膜了。它无处不在，像保护套一样分隔开各个器官，环绕着每一条肌纤维和动脉，并包裹着一块块单独的肌肉使其彼此分开，同时又使每块肌肉都能在我们运动的时候各自滑动而不影响其他部位。事实上，海伦妮·兰格温（Helene Langevin）指出，假如把身体里的所有器官、骨头和神经细胞都移除，只要能保持筋膜完好无损，你就会发现身体能够基本保持原来的形状。这位海伦妮·兰格温也就是本章开头在哈佛大学里做小白鼠瑜伽实验的那位，不过她现在去马里兰州的美国国家健康研究所研究筋膜了。

从专业技术角度讲，结缔组织是一种笼统的术语表达，它包裹在各种东西上，包括骨骼、血液、脂肪、软骨、肌腱、皮肤。所有这些组织都或多或少拥有相同的基本结构：都有细胞和以不同构型排列的各种蛋白质。不同种类的结缔组织彼此之间的差异主要来自每种成分的相对数量，以及构型中混合了什么别的成分，比如混合了能让骨骼和牙齿更坚固的钙质。筋膜是由强力胶原蛋白和弹性蛋白纤维交织在一起形成的既坚固又柔韧的薄膜，它形态各异，既有附着在皮肤下面那种又薄又黏、好像塑料保鲜膜式的筋膜，也有更厚实、纤维状更明显的用于包裹肌肉和隔出不同体腔的筋膜。

尽管筋膜在我们的身体里无处不在，当然也可能正是因为身体里的筋膜太普遍了，导致我们对筋膜的研究反而不如对其他身体组织的研究那么充分。在科学时代的最早期，解剖学家为了更好地观察到他们感兴趣的身体结构，甚至会把筋膜直接刮掉扔进垃圾桶。并不是科学家们没注意到筋膜的存在，恰恰相反，他们知道筋膜在那，可是当他们只想着对身体里的大块器官一探究竟时，这些黏黏的、滑滑的、有时还很有弹性的白色物质不但没有帮助，反而还显得很碍事。坦白地讲，这帮人根本不想花时间研究这种好似天然保鲜膜的东西有什么特质。他们认为，这种"松散的"结缔组织的存在只是为了连接身体的不同部位，还把每个部位打包得挺整齐，仅此而已。

而替代疗法治疗师们却对筋膜痴迷已久。艾达·罗尔夫（Ida Rolf）于20世纪40年代开创了一种深层组织操控法，她将其命名为结构性整合疗法，大家更多地称之为罗氏疗法。这种疗法认为筋膜是对身体（假想出来的）能量场进行校准并以之对抗地球（真实存在的）引力场的重要成分。推拿技师和正骨技师们还相信通过按摩和自己的操控，筋膜可以在身体里自由移动，从而使得身体的活动更流畅并治愈所有疾病。近些年，"筋膜"一词也成了替代性医疗领域的热词。身体工作者（bodyworker）、瑜伽教练和养生专家们也很热衷营销筋膜这个概念，有据可循的结论和无从证明的传言糅杂在一起，结果搞得大家很难分清楚应该信什么。

在大概十年前，科学家们也开始对筋膜产生了兴趣。作为一名专业的怀疑论者，我的工作就是从幻象中提取真相，所以从我的立场上来看，该领域竟然有如此高比例的科学家要么接受了罗尔夫追随者、推拿技师、瑜伽士和针灸师的辅助训练，要么至少是开始相信替代性医疗行得通，这是一件多么让人尴尬的事情啊，而这又让我很难相信这些科学家真的能在研究过程中保持客观立场。

抱着这种心态，我其实有点犹豫要不要联系海伦妮·兰格温以了解她在筋膜领域的研究工作。不久之前，她在发表的研究论文中绘制出了针灸经络（经络就是些看不见的神秘能量线），并发现其与身体内重要的筋膜汇集处是重合一致的。这一研究结论在科学圈内引起了关注。[1]而另一方面，她又是一位相当资深的科学家，先是在哈佛大学担任教授职务，后又在美国国家健康研究所担任负责人。我不想未经调研就对她的研究嗤之以鼻，但是对我而言，一个显而易见的问题就是：她真的相信我们的身体里流动着那些看不见的能量线吗？

"这些东西都是假说，它们并非客观事实，"她实事求是地对我说，"分清楚假说和真实非常重要。我们既要对传统保持尊重，同时也要识别出那些不科学的说法，这点很重要。"

兰格温对针灸的兴趣始于20世纪80年代中期，那时她还是一位执业医师，由于缓解病人慢性疼痛方面的疗法很有限，她感到无能为力。于是她决定研究针灸，这样至少她能在某种程度上运用自己的所学回答一些病人的疑问。她是在针灸实操课上发现自己对这个方向抱有兴趣的，并最终将她引上了研究拉伸的科学之路。

"我那时正在学习如何运针，我的老师们都告诉我要转着捻针，"她说，"然后我再用手操作那些针时，就能感觉到运针的地方在发生着什么。"她感觉到的是一种轻微拉扯的感觉，就好像是针在抓着皮肤下面的什么东西。被针灸的人能感到在落针处周围几厘米的地方有隐隐的疼痛，针灸圈的人管这个叫作"得气"，也就是"获取气"。

大约十年后，兰格温从医疗转向科研并最终有机会研究一下当针灸针扎到皮肤下面并获得气的时候，细胞层面究竟发生了什么变化。通过显微镜下观察到的小白鼠组织样本，可以很清楚地发现：当针灸针触及皮肤正下方的筋膜层时，针尖会将一股股的胶原纤维聚拢在一起，使其紧绷。捻针的操作又使得针尖周围的这些纤维抖动旋转，就好像用叉子卷起了意大利面那样，连带着周围的组织也变得更紧实，所以针灸的过程就很像是在做一个很小的局部拉伸。

然而我们真正感兴趣的是，如果胶原蛋白就像意大利面的形状，那意大利面里的那些调味汁又是什么呢？有些松散的筋膜比其他类型的筋膜拥有更加密集的胶原蛋白网，但它们都存在于一个充满黏液的黏膜层里，这些黏液可以使得不同层的黏膜彼此无阻地滑动。这种黏液是由一种叫作成纤维细胞的东西分泌的，成纤维细胞也负责制造和维护纤维。兰格温的科研团队发现，如果针尖周围的胶原纤维被快速转动，那么成纤维细胞也会顺势搭便车，在针灸时跟着改变形状。

兰格温告诉我，除了我们平躺的时候，这些变化都不是被动拉伸的结果。这听起来可能怪怪的，但事实上细胞是可以在自身压力下主动移动的，通常是机械外力强加到它们身上（比如，当我们运动时）的一种反应，有时还会由于细胞内部和周围直接发生的改变而移动。在微观的细胞层面，移动是通过一个细胞的内部脚手架系统，即细胞支架来实现的。细胞支架是一种能扩张和收缩的道路网，用来摆渡细胞周围的分子，也赋予这些分子形状和结构。当细胞支架扩张和收缩时，它可以改变细胞的形状及大小，这种改变反过来又可以激发细胞内外释放各种信号分子。机械生物学的新兴领域已经开始研究这些效应，以及这样一种有趣的可能性，即这些微小的调整累积在一起，引起四面八方邻近的神经细胞通过化学产物进行信息传递，并最终使这种化学传递变成生物水平的重大改变。[2]

兰格温发现，成纤维细胞中的细胞支架在针灸时会重新编排自己，这些细胞会把自己变得更扁平，长度也会增加数倍。[3]作为这个过程的一部分，细胞会在矩阵中释放一种叫 ATP 的信号分子。任何学过中学生物课的人都知道 ATP 这种分子在细胞内部负责能量的流通。然而在细胞外部它却有不同的功能，比如控制组织中的炎症水平。[4]它还有个副业是让结缔组织不那么僵硬、保持柔韧。"细胞在释放 ATP 时，组织是在放松状态。"兰格温对我说。总而言之，看起来构成筋膜的那些纤维确实是在被什么东西拉拽着，并且在使组织更轻柔、更有弹性的时候唤醒了免疫系统，并可能真的改变了组织本身的基本特性。

此处我可能要指出一点，就是这并不能作为针灸可以治愈任何疾病的证据，我们能肯定的唯一一件事就是，对针尖周围的组织进行旋转抖动其实是在生理上对组织进行了拉伸，而这又反过来改变了它的结构。这使得兰格温不禁好奇：如果针灸真的可以给我们做局部拉伸，那么我们真的需要在身上扎一针才行吗？我们就不能……直接自己拉伸吗？所以她试着给实验小白鼠的几块组织做了拉伸，答案简洁明了：直接拉伸就行啦。不用针灸方法，用别的方式拉伸也可以在微观细胞层面观察到同样的效果。于是她撇开了针灸，转而研究更广阔的议题——同时也是争议性更小的课题——拉伸是如何在生物学水平上影响结缔组织的。

在这一点上有个显而易见的问题就是，要是拉伸改变了筋膜"意大利面"的结构怎么办？或者改变了和"意大利面"最搭的调味汁，那该如何是好？微观下的细胞水平会发生什么潜在的变化，又会如何影响到我们的心理状态呢？要解答这个疑问就要再回到组织被拉伸时所产生的化学变化，以及组织是怎么将消息传递给身体其他部位和大脑的。这就全都要归结到炎症上来了。

过去我们用了大约 20 年的时间，搞清楚了炎症就是心身现象的罪魁祸首。作为身体抵御疾病或外伤的第一道防线，炎症是免疫反应的一部分——脚腕扭伤之所以会发热和酸痛，以及感冒时会鼻塞，都是因为炎症。而具体会有什么样的反应要取决于感染或外伤的性质，但是炎症最基本的工作职责就是用白细胞占领该区域，这样白细胞可以将入侵的病原体大口吞掉从而修复损伤的组织。然后，当不再有威胁时，其他的免疫细胞再释放出其他物质用以关停炎症反应，并使组织恢复正常。

不管怎么说，大概的意思就是这样。可实际上炎症既在紧急关头抵抗了威胁，同时也增强了威胁。或者说，换个我们会经常用到的名词，就是增强了压力。放在整个进化论的大背景下，压力一直都是这样的：当有什么不对劲时，压力会发出警报，此时的正确做法是做好迎战准备。免疫系统会对迫在眉睫的威胁认真以待，同时增强自身活力来准备好处理任何作战伤亡。

就像压力反应的许多方面一样，曾经对我们的祖先挺管用的那些招数如今都不再适用于我们，我们的身体也没有被给予足够的重视。因此，如果我们每天都持续体验压力或者同样的压力反复出现，会让我们处于慢性的轻度炎症状态中，因为"解除警报"的信息要么无法发出，要么很快又会有另一个理由拉响警报。

因为有影响身体健康的风险，所以这在一定程度上还是很重要的：慢性炎症与心脏病、癌症以及你能想到的相当多的危及生命类的疾病紧密相关，更不要说与慢性疼痛和阿尔茨海默症的关联了。还有越来越多的研究认为压力与心理疾病二者之间缺失的关联可以由炎症串联起来。[5]每个人都曾或多或少地体验到炎症带来的心理困扰，通常是在我们得了伤风或流感的时候。那种无精打采又难受的感觉以及想捂着被子把自己藏起来的行为都属于"病态行为"的一系列反应，这很可能是为了促使动物找机会隔离、休养直到外伤自愈或感染自然消退而进化出来的行为。这已被大量证据证明是一种炎症的副作用，而从这种副作用带给你的感觉来看，它几乎和抑郁没什么区别。

假如这种情况可以在几天后改善，那它也就不会成为困扰了。但麻烦就在于现代生活里，这种情况常常不会在几天后自行缓解。长期的压力，比如全日制的护理，或者重复性的日常压力，例如一份讨厌的通勤工作，都可以让身体处在一种持续的轻度炎症状态下且一直得不到缓解。事实上，现代生活中充斥着导致炎症的各种特征。孤独和社会性拒绝，和我们久坐的生活方式一样，都被研究发现会提高我们血液中的炎症标志物水平。[6]肥胖症也加剧了这种恶化，尤其是想到炎症细胞因子——一种开始炎症反应并使其一直持续的生物学信使——是被储存在我们的身体脂肪里的。身体有越多的脂肪，就越有可能产生更大更快、持续时间更久的炎症反应。如果这些还不够糟糕，那么我告诉你，炎症还会随着年龄而增长，炎症在与年龄相关的疾病中可没起什么好作用，不管是心脏病还是痴呆症或癌症。炎症本身也会加速衰老。[7]

说到压力，肥胖和衰老是现代生活的主要特征，所以如果我告诉你只要做做拉伸这种简单又舒适的运动就可以改善这些现代病，那应该算是天大的好消息了。

事实上，有一些研究证据也确实表明拉伸能帮我们缓解疾病。一些研究发现，虽然我们很难将运动锻炼、呼吸、放松的整体益处说成是拉伸这一种方法的功劳。[8]但是有规律地做瑜伽和打太极的人，其血液中的炎症标志物水平真的会更低。兰格温的研究团队正在试图通过对动物样本和人类志愿者做更细微的研究来搞清楚拉伸对炎症有怎样单独的影响。

目前来看，研究结果很有意思。兰格温和团队在 2017 年发表的一项研究中，将一种叫作卡拉胶的物质注射到实验小白鼠的背部肌肉中，卡拉胶是一种在海草中发现的碳水化合物，被普遍用于食品制作过程中的添加剂，将其注射到皮肤下面通常会引发局部炎症。[9]在注射48小时后，有一半的实验小白鼠都被抓住尾巴抬高身体后部，并且让它们从前面握住一截小栏杆，从而被动地做出了下犬式的动作。它们会拉扯那根栏杆，让自己更舒服，想尽办法拉伸自己的背部，这些小白鼠做这些动作的时候就会显出轻松愉快的样子。另一半小白鼠也有相同的时间设置，但是并没有给它们提供拉伸的机会。

研究结果显示，相比没有做拉伸的小白鼠，那些做了拉伸的实验小白鼠，其发炎的面积明显减少，组织中产生的白细胞也更少（白细胞增多代表着免疫活力在增加）。更重要的是，实验表明拉伸筋膜成了主动消炎的序幕，而正是这一系列的消炎活动使得组织恢复了正常。

拉伸与炎症

这很重要，因为炎症之所以会成为问题，并非因为我们的身体会时不时地发炎，而是我们的身体一旦发炎就没办法消炎。我们过去以为炎症会随着细胞的自我清理而自行消失，但现在我们知道不是这样的，消炎也是一个主动的过程，这意味着我们的身体需要主动发出一种化学信号才可以消除炎症。

在21世纪初，哈佛医学院的免疫学家查尔斯·塞尔汗（Charles Serhan）发现了促消炎分子的三大家族，它们是：消退因子（resolvin）、maresin、保护因子（protectin），这三种分子都是从饮食中的欧米伽-3 脂肪中产生的，都有消炎的作用。[10]在与海伦妮·兰格温团队合作的过程中，他发现相比没被拉伸过的小白鼠，那些"瑜伽鼠"的组织中有更高浓度的消退因子，针对受伤的部位做拉伸仿佛是在告诉身体组织：最糟糕的状况已经过去了。

拉伸对人体全身健康的效果到底多大仍有待进一步研究。哈佛的研究团队已经开始对人类志愿者开展研究，用来测量拉伸是如何影响人体内的炎症标志物水平和白细胞的。一个耐人寻味的可能是，拉伸身体的一个部位可以让全身系统受益——如果消退因子进入血液，就有可能会清除掉炎症，这些炎症非但没有让僵硬的组织放松下来，反而导致了感染和慢性疾病，或是让人悲凉地老去。假如这种可能性是真的，那么有规律的拉伸就相当于是为糟糕的一天按下了重启按钮，使人们避免将压力反应继续下去并由此患上慢性疾病。

研究人员希望可以解决的一个问题是，想要在细胞水平上发生改变，你需要拉伸多久才能起效。实验室的小白鼠是每次拉伸10 分钟，但很可能——我们希望——人类不用拉伸这么久。还有，我们尚不知道主动拉伸是否比被动拉伸更有效。主动拉伸是指你用自身的力量完成这个动作，而被动拉伸是指你自己或别人在你能承受的范围内对你额外施加外力。动物实验提示我们主动拉伸更有助于减少炎症，但还需要进一步证实。未来几年内我们应该会对这些问题的答案有进一步的了解。

对话瑜珈大师

与此同时，我们也得来看看拉伸的另一个既独立又相关的好处，其重要性可能堪比前面提到的分子水平的变化。拉伸可以帮助身体里的液体沿着筋膜快速流动，使得身体得以给自己做个定期的春季大扫除。

2018 年，由病理学家尼尔·泰斯（Neil Theise）带领的纽约大学的研究团队得以第一次看到了原位上的人类筋膜样本。他们把一种新型显微镜附加到一个以前用来取活检样本的小医用探头上，通过这种新技术，研究人员可以看见密集网状的胶原纤维状物体，当把它从身体里取出后，压到显微镜的载玻片上再看，它天然的状态其实更像是泡了液体的海绵。泰斯的研究显示，当海绵被挤压时，其中的液体就会流入淋巴系统，淋巴系统是由一条条管路组成的，使液体在各组织间循环流动，通过淋巴结传递，免疫系统就可以检查身体出了什么问题。

在看过肠、肺、筋膜和脂肪层的结缔组织样本后，泰斯和他的研究团队做出了如下推论：这种海绵状的结构是全身松散结缔组织的一种普遍特征，其看起来还含有比例惊人的体液。虽然我们很早就知道了个体细胞周围的流体基质会流入淋巴系统并在其内部进行清理和循环，但我们至此才知道结缔组织也是这个清理循环过程的一分子。这就打开了这样一种可能性，即我们拥有贯穿全身上下的流体网络，这使得不同种类的组织以及免疫系统之间能够交叉流动，研究论文中的原话是"细胞间隙液通过具有压缩、扩张功能的窦道得以在全身流动"。[11]

泰斯估计这占身体里液体的大约 20%，约有 10 升。[12]其不但形成了淋巴的主要来源，还成了身体里主要的液体之一——其他液体包括血液、细胞液和脑脊液。

这一研究发现被很多媒体头条报道为"看似平平无奇的人体'新器官'"，就其本身而言，这种标题看着可能有点牵强，但它当之无愧算得上是一个重要的发现，特别是考虑到运动为何对我们的身体健康有益时。

这可能并非偶然，因为松散的筋膜，连带着滑腻的流体间质早晚会在我们身体的各个部位被发现，毕竟运动是我们身体各个系统的整合。比如，肠子会通过肌肉收缩的摆动将食物慢慢地从身体的一边挤压到另一边，那想必它也会挤压周围的结缔组织。相似地，肺部、膀胱和心脏昼夜不停地扩张和压缩，也会通过屈伸和收缩自己外围及内部的组织将液体挤出。

与这些特殊器官周围的液体层会自动流动不一样，我们其他一些器官周围的筋膜、肌肉和贯穿全身的体腔却只会在我们主动活动身体时才会动起来。"很显然，液体运动具有重要的生理作用，而这样的运动是在肌肉骨骼系统的筋膜中通过身体运动来提供的。"泰斯说。这意味着伏案久坐并非保持身体中液体自由流动并让身体应对免疫威胁的最好方式。

这让我想起来一件事，之前我在瑜伽课上有很多次被要求去做的一件事是：把你肌肉里的毒素拧出来。我以前总是对此不屑一顾——说真的，它听起来就很像那种因为听起来是那么回事，然后就能让人对此深信不疑的事情，要么就是因为你做完一个漂亮的深扭式后，那种感觉让你以为自己已经体验到了。但是如果运动就是让体液进入一个天然要为身体排毒的系统，那么像拧海绵那样去拧自己的筋膜，好像听着就没那么不着边际了。

实践出真知。假如确有某项研究结果显示拉伸和运动大体上可以增加从筋膜到淋巴的体液吞吐量，那才叫板上钉钉的证据。但就我所知，我们尚无这类证据，因为没人研究这些，至少没有针对健康人群的研究。有一些针对癌症病人的研究表明包括拉伸在内的身体锻炼可以减少治疗期间淋巴系统被部分损伤或切除后产生的肢体积液。[13] 所以通过对肌肉和器官周围的筋膜进行拉伸与按压确实有可能促进康复，并由此帮助身体处理可能出现的任何问题，而不是将这些问题遗留在组织中愈加恶化。

实际上，这又引出了另一个瑜伽界的民间传说——瑜伽体位可以在某种程度上清洁我们的身体器官。我在 2019 年夏天曾有机会就这个模糊且耐人寻味的理念请教过一位顶级瑜伽大师。

色拉斯·乔伊斯（Sharath Jois）是一位阿斯汤加（Ashtanga）瑜伽上师（即大师的老师或者叫瑜伽世家），这个头衔是他从自己祖父 K. 帕塔比·乔伊斯（K. Pattabhi Jois）那继承的，他的祖父已于 2009 年逝世。彼时的他 40 多岁，身材苗条、健壮、从头到脚都不招摇——是那种大多数人走在街上根本不会多看一眼的模样。然而，在严肃的阿斯汤加瑜伽圈里，他绝对是个大人物：地位介于神明、皇室和好莱坞大明星之间的那种。很多信徒都会在摆放有他画像的神坛前做瑜伽，甚至在我和一个当瑜伽教练的朋友提到，上师到访伦敦后会接受我的采访时，她竟然问我是否打算亲吻他的双脚（我并没有这么做）。

他下榻于伦敦的一个小别墅，那是他在城里的一个根据地，我们坐在餐桌旁聊了会儿天。当我们聊到瑜伽如何影响身心时，我很惊讶他不止一次提到"拉伸"这个词。西方人经常把瑜伽看作是一种拉伸紧张肌肉的方式，从而增进身体的灵活性并使身体更加健壮。但乔伊斯不认为灵活性是做瑜伽的目的。当我询问瑜伽姿势的重点是不是为了拉伸身体，从而帮我们减少塌肩驼背并促进身材塑型时，他甚至笑了出来。

"不，并不是这样！"他说道，"实际上，这也会发生，但是……你所做的其实是锻炼你的内部器官，好让它们维持良好的功能……是器官的功能不良造成了我们的健康问题。"

这和科学家的说法似乎很接近。如果事实真的如此，那么将你的鼻子放到膝盖上就并非瑜伽的真谛，屈体只是达成更重要目标的一种手段。而我曾经认为，身体内部的器官也需要按摩的说法简直荒谬至极（如果器官真的需要按摩，为什么我们的身体又要长时间地把器官放在骨骼的围笼中呢？），但现在我却觉得那可能是因为运动帮助器官周围的筋膜恢复了正常水平的体液活动，从而以一种伏案工作所不具备的方式保证了一切进展顺利。

好消息是你并不需要把自己的大腿掰到脑袋后面才能享受到拉伸的好处。现在让我们回到兰格温的研究结果上，"一定要温和，我怎么强调这一点都不为过。"海伦妮·兰格温说，"我们加诸在实验动物身体组织上的总重量是以克为单位计量的：意思是重量很小。我想说轻一点比较好。我一直主张，一次只专注于一个细胞。哪怕只做非常微小的拉伸，我们要对身体组织有最起码的尊重——所以不要猛烈地拉拽它们。既慢且轻，才是关键。"

乔伊斯通过一个形象的比喻告诉我们，测试灵活性时把自己的身体往死里整可不是一个太明智的目标。"你的骨架很强壮——但那也不意味着你就要用自己的头往石头上去撞！你应该有这种常识。"

拉伸，过犹不及

不管怎样，你绝对有可能拉伸过头，这会给你的身体和心理都带来问题。大约有 20% 的人都是运动过度的，这意味着他们的关节活动幅度超过了运动的通常范围——这一现象更通俗的叫法是"双向关节"。[14]它是由身体里结缔组织中的胶原蛋白被非常规拉伸而形成的，但对芭蕾舞者、体操运动员和音乐家却很有帮助，因为这能让他们的关节拉伸到极端位置。灵活度太高也会导致慢性疼痛、关节脱臼和消化问题，比如肠易激综合征。更让人惊讶的是，它还可能和心因性症状有关联。

弯曲关节会影响人们的感受方式的证据最早可以追溯到1957 年，西班牙的风湿病学家豪梅·罗特斯-克罗尔（Jaume Rotés-Querol）记录过自己的发现，他认为那些关节过度活动的人士拥有超乎寻常的"神经紧张"。然而这一发现却完全被忽视了，直到 1988 年巴塞罗那德尔马医院的一个研究团队也注意到了过度活动的患者似乎更容易焦虑。他们决定更详细地研究一下其中的关联。自那以后，人们才算是完全明确了二者之间的紧密联系。有一项研究发现 70% 的过度活动患者都在某种程度上患有焦虑障碍，而健康人的对照组里只有 22% 的人有焦虑症，有另一项研究估算出关节过度活动的人罹患焦虑症和惊恐障碍的概率是普通人群的 16 倍。[15]还有一个新的关联出现在了过度活动和进食障碍、慢性疼痛，乏力和神经发育障碍之间，神经发育障碍中就包括了注意缺陷多动障碍（ADHD）及自闭症。

之所以会发生这些问题，可能是由于你明明希望关节能停止干扰内部感受器的工作过程，它们却偏偏还在保持灵活运转。内部感受器本来具有感觉身体内部状态的能力，结果这样一来，它就很难精准定位身体的内部信号究竟是来自哪里了。苏塞克斯大学的雨果·克里奇利（Hugo Critchley）实验室对此提供了一些研究证据：关节过度活动的人对于来自身体内部的感受信号会异常敏感，比如对心率和其他与压力相关的变化就非常敏感。这听起来是好事，但其实他们却不太能精确识别这些信号是从身体的哪个地方发出的，也不太能解释这些信号是什么意思。

如果关节过度活动患者难以清晰识别身体内部信号的特点是真的，那么心跳加速的信号就很容易被其理解为是焦虑，尤其是当时并没有什么明显的外部事件需要担心时，这种焦虑就会特别让人费解。另一个研究似乎支持了这一点，其结果发现，对身体内部信号越敏感的人，越会在运动过度与焦虑之间建立更紧密的关系。[16]

克里奇利告诉我，异常松散的胶原蛋白还存在另一个问题：它能直接导致对战或逃的过激反应。现在又回到了结缔组织无处不在这一事实上，并且身体各处的结缔组织都拥有非常一致的基础结构，这意味着，如果关节处的胶原蛋白太有弹性，也就等于是说身体其他各处胶原蛋白的弹性也会过大，包括血管内壁的膜。正常情况下，当一个人从坐姿或躺着的状态站起来，身体里的静脉会自动收缩来阻止血液一下子流向腿部从而形成暂时性的血压下降。如果这些血管中的胶原蛋白太过有弹性，尽管这种反射的效果不会那么立竿见影，但也会造成这个人一旦起立血压就会突然下降一下，心脏也就要更用力地泵血才能弥补血压的突降。

对身体内部信号的过度敏感与对自主神经系统的功能控制得不太好，这两者结合在一起就可以解释为什么哪怕外界没有什么可怕的事情发生，过度活动仍会更容易引起焦虑了。考虑到存在关节过度活动问题的人口比例多达 1/5，这可能会对那些饱受焦虑折磨又不明白自己病因的人们大有帮助。

过度运动与 ADHD 及自闭症之间的联系尚不清楚，但苏塞克斯科研团队已经对此有了一些构想。研究显示，关节过度活动的人会对外部的感觉信号和疼痛更加敏感，所以，这可能在某种程度上就与过度活跃的身体内部信号结合在了一起，使得他们在从外部世界退缩的同时，也要隔离开自身内部那些排山倒海似的感受。苏塞克斯大学科研团队的另一位成员杰茜卡·埃克尔斯

（Jessica Eccles）说，这还"只是猜测"，但有早期研究显示，其他与过度活动相关的疾病可能正是如此，比如纤维肌痛症就是这样的。[17]自闭症及小儿多动症是不是也和这些疾病一样还要拭目以待。

杰茜卡自己就有关节过度活动的问题，所以她很清楚，当身体特别能弯曲被认为是某种"缺陷"时，会有人心里觉得不是滋味。然而，她说，了解这些心理与身体的关联是很有价值的，不只是因为他们的研究能通过消除病人的心身疾病而让他们活得更舒适，还因为他们有一种好像正在自我疗愈的感觉。

研究还可能带来新的疗法。虽然对于胶原蛋白自身的生理修复没有太多可做的——如果你碰巧就有弹性胶原蛋白并因其烦恼——但是一旦知晓这一生理特质会对心理健康产生影响，你就可以通过特殊的途径进行身体干预，从而开启改变心态的可能性。

一个可能的手段是加强关节周边的肌肉力量，这样不仅能预防过度扩张、减轻关节疼痛，还能为自我意识建立更多的刚性边界，身体的运动程度会不断地建立和更新我们的自我意识。锻炼强壮的肌肉，特别是加强锻炼下半身的肌肉，还可以通过将血液向上挤压来帮助降低起身时的心率升高，从而间接地降低心率和焦虑水平。

另一个方法是改进自己对内部感觉的理解能力。内感受是一种可以通过训练来提升的技能——这也是为什么埃克尔斯要致力于研究帮助人们定位和理解自己的生理感觉，以此控制过度活动患者的焦虑。

对于 ADHD 和自闭症患者，这些干预可以在其儿童时期使用以减少焦虑，也能降低感觉加工问题进一步恶化的可能性，通常这两个问题会伴随着 ADHD 和自闭症一起出现。在职业疗法中有一个已经开始使用的方法，是使用玩游戏的形式，在儿童指着不同的身体部位时，让他们说出此时心里的感觉，会有一位老师辅助他们来给那种感觉起个名字。[18]这一做法可以帮小孩子学习如何更有效地破译自己身体发出的信号，并学着调节这些情绪，那么在其演变为根深蒂固的痛苦前，至少能把早期生理上的痛苦降到最低。埃克尔斯早期的一项研究显示，活动过度人士的杏仁核大小超过了普通人群的平均大小（杏仁核是负责情绪加工的脑区，最广为人知的是对恐惧情绪的加工），而其负责身体的空间表现的脑区又比普通人群的更小。教会那些有神经发育问题和活动过度问题的儿童去理解自己运动中的身体，或许能阻止他们在很小的年龄就陷入身体和大脑两方面的困境。

做点自己喜欢的就好

鉴于这些问题都与极端的柔韧性有关联，现在来看，这种"拉伸就是为了让身体更柔韧"的理念，不管是对身体而言还是对心理而言，貌似都不是一个好主意。既然每个人的关节、肌肉、结缔组织的情况都不一样，那也就没有什么一刀切的方案能回答所有人，究竟应该拉伸到什么程度——也没法统一判断是不是所有能在健康范围内主动运动关节、核心力量不错且关节强壮的人都需要变得更柔韧一些。

在我们已经看到拉伸与免疫功能之间的联系后，这样说可能会很奇怪。但是我们应该记住，兰格温推荐的拉伸并非要你每天都强迫自己的身体就为了终有一天能摸到自己的脚趾，也不是为了让身体更柔韧才努力拉伸的，而是让你单纯地享受身体拉伸时的愉快感觉。"我不做花式瑜伽或别的瑜伽，我只在我觉得需要拉伸的时候才拉伸。我太爱拉伸了，这感觉太棒了。"她说。

最后，我们能确认的一件事就是假如你有阵子没运动了，那么做做拉伸会让你感觉良好。当你从椅子上站起来时，顺其自然给自己来个伸展动作是很让人愉悦的，它提醒了大脑你还拥有四肢，并且能帮身体流动开来。它甚至还能重新联结身体和心智，让彼此按照本来应有的方式运转。但我们这里说的都是普通活动范围内的运动与温和的拉伸。来个"一字马"劈叉固然让人印象深刻，但是将髋关节从中心位置向后移动大约30度，这对于普通的人体运动来说就大可不必了。

作为一名热爱瑜伽长达十年时间，并且历尽千辛万苦才拥有了柔韧身体的人，我很难写下这种话，我甚至都很难接受这种观点。已故的阿斯汤嘎瑜伽创始人，也是阿斯汤嘎瑜伽大师 K. 帕塔比·乔伊斯（即色拉斯·乔伊斯的祖父），其说过的一句话经常被引用："我们的身体并不会僵硬，心灵才会。"很多瑜伽教练都会在把你拉入荒唐境地时煞有介事地模仿这种说法。确实有证据支持这种说法：拉伸确实能增强灵活性，但没有必要，因为它使得肌肉在物理上被拉长了。神经系统反而会产生错觉，以为关节超出现有范围也是安全的。身体会在我们临近危险动作的边缘放置一个刹车，从而让我们避免受伤。研究建议我们应该通过温和的动作来突破原有的活动范围使我们的神经系统再放松一点。所谓的拉伸的极限并不是由肌肉本身决定的，而是由你的神经系统决定你可以拉伸到什么位置。

尽管如此，业界仍然存在争议，认为与其让关节突破舒适区，还不如安稳地待在界限里。我在与色拉斯·乔伊斯会面时曾指出，只从字面上理解他祖父的话是很危险的，他表示同意。"某些时候……你的身体能做到某个动作，但是你的内心会说不要那么做。所以某些时候你需要推自己一把。"他说。但是，他又补充道："你要清楚自己的界限。"

运动改变大脑：拉伸

- **伸展全身**：在坐了一段时间后，起立并拉伸胳膊和腿部。这是在提醒大脑你是有四肢的，那里绷紧的肌肉也需要放松。每个小时至少要做一次。

- **运动，拉伸，扭转**：挤压肌肉和器官周围的筋膜，从而间接地保持免疫系统的体液流动运转。要温和地进行，不要一下子就想着突破你平时的活动范围，只要能感觉到自己在拉伸即可。

- **加强力量比弯曲身体更重要**：将温和拉伸与力量锻炼结合起来，尤其是当你有活动过度的问题时。力量练习和柔韧性练习结合在一起就会成为对抗焦虑的有力武器。

第七章　调节呼吸，激活大脑

"若能调节呼吸，则可掌控内心。"

——B. K. S. 艾扬格（B. K. S. Iyengar）[1]

电影《猩球崛起》（*Rise of the Planet of the Hpes*，2011）中有这样一个片段：黑猩猩凯撒第一次用人类的语言说话，他在用水柱击晕虐待自己的看守前，咆哮着说出了一个"不"字。这一刻就很怪诞——这种怪诞不仅在于动物使用了我们人类的语言来清晰地表达它自己的情绪，更令人不安的是凯撒之后用几个深呼吸来稳住自己。

我们在看电影时感受到这种不安是有原因的。哪怕你从来没这样刻意想过，但其实我们本能地认为控制呼吸是人类专有的技能，并且这一技能还紧密关联着我们在心理和情绪自我调节方面的独特能力。我们在内心深处的某个地方其实很清楚，如果其他动物也能发展出这些技能，并将这些技能与其自身卓越的力量、敏捷结合起来，那么我们人类就完了。

谢天谢地，现实世界中尚无人类近亲动物发展到能和人一样控制呼吸的水平。[2]但你也可以相信，我们人类物种并没有将这一能力发挥到淋漓尽致。几个世纪以来，东方传统文化的追随者们相信，缓慢呼吸可以提升专注力，带给我们平静的感觉，甚至可以将我们带入人为改变的意识状态，然而我们中的大多数人却对此视若无睹，仍然不会从百忙之中抽出时间来优先考虑做一做这种最简单又最低调的身体运动。

我们每天的呼吸显然都是无意识进行的，多数时候我们并不会对此多想什么。在很长一段时间里，大多数科学家也没有想过这个问题。和其他呼吸空气的生物一样，脑干是大脑中最先发育的部位，大家早就知道它负责设定呼吸频率，并确保我们将氧气经由肺部持续地送入血液，同时把废气二氧化碳排出。我们的呼吸日夜不停，从生命降生的那一刻直至生命终点。吸入，呼出，再吸入，再呼出。

让这一切得以发生的神经元群是在 20 世纪 70 年代由一名叫杰克·费尔德曼（Jack Feldman）的博士后发现的。就和任何一个有自尊心的学生一样，他在研讨会上宣布了自己的这一发现，并在喝光一整瓶德国葡萄酒后灵机一动地给这群神经元起了名字，叫包钦格复合体（Bötzinger Complex）。费尔德曼后来成了自己命名的包钦格复合体研究领域的世界级专家，还在包钦格复合体前端又发现了前包钦格复合体（或缩写为 PBC），其对呼吸节律的设置至关重要，在发觉血液中的氧气出现短缺时会加快呼吸频率。

还有一个更小的神经元群负责让我们每隔五分钟左右就叹口气。位于加利福尼亚大学洛杉矶分校的费尔德曼实验室最近有研究发现，这是一种生理反射，避免我们肺部的气囊像泄气的气球那样干瘪而粘连在一起。[3]其他物种——狗、老鼠、猫等——也会以各自不同的频率叹气，但原因都一样。所以，当你看到一只狗在叹气的时候，虽然看着很像是因为不能用手开门出去追松鼠而遗憾，但事实更有可能是，这只是肺部在一段时间的浅表呼吸后正在不由自主地重新膨胀起来。

然而，我们人类确实是通过叹气来表达情绪的，包括恼怒、悲伤和放松都可以通过叹气来传达。心理学研究显示，情绪化的叹气，除了作为沟通的一种形式——比如被试在心理学实验中面对一个无解的迷宫测试百思而不得其解时，所发出的那种叹气——也有"重启"呼吸系统的作用。当伴随压力状态出现的浅表呼吸或不规律呼吸持续一段时间之后，叹气可以让我们回归到正常状态。[4]想要获得精神收益的话，有意识地控制叹气反射是刻意控制呼吸的最简单方式了。一个由你精心策划的选好时机的深度叹气就像是在大脑里画了一个大大的句号，然后去开启一个新阶段，这会让你放手去做其他事情的时候，更容易地把以往的压力抛至脑后。

不过操纵叹气反射的能力才只是呼吸控制的入门级别，其实，呼吸的真正力量来自于我们还能根据自己想要什么样的身心收益来控制自己呼吸的频率和深度。就像影片中那只叫凯撒的黑猩猩一样，我们也可以运用自己的呼吸来平静内心、集中注意力和仔细思考接下来要做的事情。经过一些练习后，我们还能运用控制呼吸的技巧来帮助自己从现实中抽离片刻，让身体和内心安享来之不易的休憩。或者我们可以像僧侣那样行事，争取让自己的前包钦格复合体可以不受精神和情绪的干扰一直规律地工作。彼时一切都会变得很容易，你如何思考如何感觉也都会变得很不一样——我这样说是有确凿的生理学依据的。

我自己也是个爱动来动去的人，所以我也知道找个地方坐下来并调整自己的呼吸可不是每个人都能轻松做到的。对于新时代的某些人，通过控制呼吸所做的冥想简直煞风景，而对于另一些人，静坐在软垫上的时光反而是减少世间烦扰的片刻安宁。但不管怎样，现在已经有充分的科学依据指出，要想掌握这种简单的运动，就需要控制呼吸的频率、深度和路径，一旦你将进入身体的空气变为一件趁手的工具，你就可以通过有效方式来引导自己的想法和感觉了。掌握这一系列的身体运动能让我们深入大脑和其他身体部位的运作，还能改变大脑和这些身体部位的设置，从头脑中获得最美好的东西，无论你是在活动状态中或者在埋首伏案工作的状态中都可以做到。

没有人确切知道为什么我们人类就能逢凶化吉、一路开挂，还具备了主动控制肌肉来影响呼吸方式的技能，但这可能并非巧合——就像电影里黑猩猩凯撒的虚构情节一样——对呼吸的控制能力和我们说话的能力刚好是在差不多相同的时间进化出来的。与嘀咕、呻吟或嚎叫不同，说话需要具备长时间吐气的控制力，要能在吐气过程中加入几次时机合适的吸气，还需要有对喉部、唇部和舌头的巧妙控制力。通过对距今 10 万年和距今 160 万年的远古人类遗骸的对比研究，我们发现，很有意思的是相比远古祖先而言，现代人类和已经进化出脊柱的穴居人类明显是给供应呼吸和面部肌肉的神经留出了更多空间。这会使得他们拥有必要的硬件来精确控制呼吸和呼吸过程中产生的噪音。他们的祖先一边互相咕哝着穿越平原，一边将这种更广泛的噪音呈现过程发展成了一种更有效的新的交流方式。[5]

不管怎样，反正我们一路进化到了现在，并最终得到了一个强大的工具。你不一定要多么苗条或者多么柔韧，也不必多么强壮，你甚至都不需要专门移动就能享受它的好处：它惊人地简单。所以，让我们面对现实吧，现代生活提供了很多情境让我们可以从控制身体、心理和情绪状态中受益。

呼吸与大脑的同步

举个例子：我是用一台老式笔记本电脑写这本书的，这台电脑的年纪比我十岁出头的儿子还要大，重量倒是和我儿子差不多。结果昨天我把一整杯茶都泼在了这台老伙计上面，然后它就从此沉寂，再也没启动过。这虽然不是什么世界末日吧——我可能就此丢掉好几千字成稿以及一部分修编稿——但要我在截稿大限前只用几个星期的时间再写出两万多字，不得不说这可太让我焦虑了。但如果往好的一面看，那就是我终于有一个完美的机会去亲身实践呼吸控制里最有效的部分了：呼吸可以给你一种平和而专注的感觉，哪怕你已经焦头烂额。

我为了能让自己停止慌乱回归正常工作，还在 Youtube 网站上找了一个七分钟专注冥想的视频，我真的按照视频里面说的那样在椅子上坐直，按照里面教我的那样做下去，尽管我有把进度条直接拉到视频末尾的冲动，可是经过几分钟聚精会神的缓慢深呼吸后，我的大脑真的不再乱糟糟了，那些想要尖叫、哭喊或躺平死掉算了的冲动也慢慢消退了。

所以，这真的管用。而之后我知道了它管用的原因，除了僧侣们世世代代的经验，还有越来越多的科学研究证明了这一点，当你在控制自己呼吸的时候，你真正在做的其实是将自己的脑波掌控在了自己手中，并把脑波的频率与呼吸频率拴在了一起。

脑波（又叫神经元振荡）是神经元群组在大脑内发送信号时在群组间产生的电活动的节律性冲动。当有足够多的神经元在同一时间点被激活时，这些神经冲动会强烈到可以用头皮上的电极测量到，并且能被转换为图表，用以显示活动的高峰和低谷变化。自从100多年前这项技术被发明以来，科学家就知道了脑波有不同的频率范围，不同时间呈现出的不同频率可以帮助我们了解大脑内部正在进行怎样的活动。

频　段	频率范围（赫兹）	思　维　类　型
伽马波 γ	>35	问题解决、聚精会神
贝塔波 β	12~35	心烦意乱、注意力不易集中、焦虑
阿尔法波 α	8~12	放松、沉思、被动注意
西塔波 θ	4~8	深度放松、昏昏欲睡、关注内在
德尔塔波 δ	0.5~4	睡眠状态

（来源：*Introduction to EEG- and Speech-Based Emotion Recognition*，2016，pp. 19-50.）

正如我们看到的，脑波都是伴随着节拍跳动，脑波跨越了大脑的各部分区域并保持着同步，这就使得对各种冲动进行加工的不同区域都可以被调节为同一节律，从而让各种信息——包括我们眼睛看到的、耳朵听到的、鼻子闻到的——都能关联到一起形成共同体验。这就使得大脑接收到"2＋2"却可以获得5，通过获得各种类型的输入信息并综合到一起最终理解信息是什么意思。

　　大脑加工过程和呼吸之间的这种关联是通过鼻尖的感觉神经元形成的。这些神经元有两种功能：将空气中所包含的周围场景的信息传递给嗅球，同时也负责探测空气飘过时的身体运动。由于这种双重作用，用鼻子有规律地呼气和吸气就像是打节拍器，可以将与周围环境有关的同步信息，一拍一拍地传给大脑。假如空气信息是说外界环境现在多么多么安全，或者多么有利可图，那么在进化的背景下，就会理所当然地把其他重要信息，比如来自之前记忆中的信息，汇集到同样节律的频段上。

　　动物实验表明，事实可能真的是这样。呼吸和脑波这二者的同步最先是从嗅球开始的，嗅球部位首先探测到周围的场景信息，然后向更远处扩散，由相应脑区对这一场景所代表的含义进行任务处理。在老鼠身上的研究则显示，与呼吸相关的节律被传到了处理记忆的脑区——这样动物就可以判定以前是否曾经闻到过这种特定的气味——然后再被传到情绪中枢，由那里决定我们最终要如何反应。

　　克里斯蒂娜·泽拉诺（Christina Zelano）是芝加哥的西北大学的神经物理学家，她在2016年主持的一项研究最先确认了人类不但也有同样的现象，而且在我们人类的大脑中，这一同步效应的影响涵盖更广，还会顺带影响到前额叶皮质里负责思维、计划和决策的区域。一些研究人员认为，将脑波和呼吸频率锁定在一起是大脑运作方式的一个普遍特点。[6]

吸气：不止是吸入空气

对呼吸过程中脑波的研究显示，与呼吸频率同步的最强效果是在吸气过程中出现的。这一结论虽然听上去很随便，但也确是事实：我们呼吸的时候，就真的是在从周围环境中吸入空气，同时也在吸入环境中所包含的微妙线索。实际上，这也正是瑜伽士和武术家们所说的：在武术中的"气"是指呼吸，也是指凝聚在一起的精力和能量。在瑜伽式呼吸中，或者叫调息中，据说是要吸入"气息"的，也就是我们翻译过来的呼吸、能量和宇宙意识。阿斯汤嘎瑜伽体系的当代上师色拉斯·乔伊斯努力向我这个西方人解释这样做的好处。"当我们呼吸的时候，就好像我们将大自然中的正能量通过呼吸的方式从外部吸入到了身体里面。"他说。

于我个人而言，我会更乐于用一种更加科学化的方式来阐述呼吸：那就是吸气不光是在吸氧气，同时也将外部世界的信息一并吸入，并让我们的脑波有机会调频到与心跳同样的节律上，从而改变我们的感觉方式。

一旦"呼吸—大脑"调频同步了，它也就成了改变我们心理状态的有效工具。研究过程中，人们有意识地改变呼吸频率，其结果显示出，不同的呼吸方式可以激发出不同的特有频率来掌控全脑，而这些特有的频率又会将我们带入思维更敏捷更专注的状态，或者是更放松和昏昏欲睡的状态。

只不过这里有一个陷阱，也是瑜伽士们几个世纪以来一直喋喋不休的：只有用鼻子呼吸时，与呼吸关联的头脑控制才会管用。根据估算，大概有超过半数的人是习惯用嘴呼吸的。用嘴呼吸不但会导致不良的呼吸习惯，还会腐蚀牙齿，同时也绕过了"鼻—脑"控制专线。

我们必须感谢那些为数不多的癫痫患者，他们在接受脑部开颅手术后的住院期间志愿参与了研究，从而为这些科学灵感的乍现提供了证据支持。如果癫痫发作是源于大脑某个特定区域，且已有的药物疗法也行不通时，病人们可以选择外科手术来切除引发癫痫的这个脑区。但手术切除既要保留各个脑区里言语功能、运动功能和其他重要功能的完好无损，又要精准定位是哪个部位引发的那种无规律的脑电活动，这实在是个棘手的大工程。手术会先移除患者的部分头骨，然后在其大脑表面或脑内置入电极并等待癫痫发作，这一过程要记录大脑的脑电活动，期间病人和外科医生就只能干等着。

可能要等上好几天才能赶上一次癫痫发作，所以病人需要滞留在医院里，头部环绕的电线连接着监测仪，他们完全清醒，但又无事可做。幸运的是，神经学家们更愿意以做实验的形式给病人提供些娱乐活动，也就是帮助将不同的脑部功能定位到相应的脑区活动。绝大部分电极都植入在健康的脑区，这样神经学家就可以在志愿者们完成各种任务时记录下健康清醒的人类大脑是如何活动的，并看清楚单个神经元和大脑的更大区域都发生了什么。

通过在八位病人身上使用这种方法，泽拉诺确定了呼吸确实在扮演人类脑活动的指挥官，尤其是在记忆加工和情绪调节的过程中。脑电波越是与呼吸节律同步，人们存储和提取记忆信息的能力就越好，对危险信号做出的反应也越快。泽拉诺还在实验中发现，如果志愿者正好是在吸气时看到一张惊恐情绪的脸部图片，则其反应速度明显更快。

留神你的鼻子

不管怎样，鼻呼吸是关键所在。在泽拉诺的实验中，如果志愿者完成相同任务时是用嘴呼吸的，那么呼吸和脑波的同步程度就大为下降，其识别面部情绪改变的反应时间也会明显更慢。

要指出的重要一点是，在理解自己看到的东西方面，用鼻子呼吸并没有什么促进作用——无论是用嘴呼吸还是用鼻子呼吸，志愿者们都能对害怕的面孔做出准确识别。然而有趣的是，鼻呼吸使得他们看到东西后做出了明显更快的移动身体的反应。在实验中，这是一个很简单的操作，志愿者们只需要移动他们的手指去按动按钮，其动作反应时的差异将以毫秒为单位记录下来。即便如此，在现实生活中，这种微小的反应差异也能决定你是躲过高速驶来的卡车，还是成为车轮碾过后的一堆"树莓果酱"。

人们在吸气时所做的记忆测试结果也更好（但同样只是用鼻子呼吸的时候），鉴于此，为了避免成为车轮下的"树莓果酱"，如果你能吸着气学习在横穿马路之前左右观察，可能记忆会更深刻。[7]

这不仅是为我们提供了一个紧急遇险时呼吸更急促的好理由——尽可能多地为自己吸收信息——还给了我们一些提示，只要你能停止慌乱并记得在感到有压力的时候，有意识地放慢呼吸并且深度呼吸，就会帮你看清事情的全貌从而做出更好的决定。研究结果还提示我们，在考试前（甚至是你绞尽脑汁回忆要买些什么的时候）进行一系列深呼吸，可以帮你从记忆深处挖出有用的信息。

平静下来，调整频率

瑜伽士们经常说起的另一个理念是，呼吸使我们关注当下，让游离的心神得以安放回所属的身体。

"在瑜伽中，我们称之为意识产生的波动（chitta vritti）"，色拉斯·乔伊斯告诉我，"vritti 的意思是去往不同的方向……所以，你可以通过瑜伽做阿萨娜（asana）练习和呼吸练习，让那份心神重归我们的控制。"

另一项 2018 年的研究中，虽然被试也进行了外科手术，但他们和泽拉诺实验的癫痫患者不是同一拨人。该研究显示，慢条斯理和从容不迫地呼吸确实能提高专注力，同时也能增加身体意识。在纽约北岸大学医院的一系列实验中，神经学家乔斯·赫雷罗（Jose Herrero）与神经外科专家阿舍希·梅塔（Ashesh Mehta）的团队让八位患者像平常一样呼吸并给呼吸计数，要觉察自己的呼吸但又不以任何方式改变呼吸。然后，在另一个独立的实验中，研究者要求患者们集中注意力去控制自己的呼吸频率，也就是要呼吸得比平时更快速。

患者的 31 个不同脑区被置入了 800 个电极，所以相比之前的那些研究，该研究团队在定位脑电活动时可以遍及更广泛的神经网络。如此一来，研究者们就可以跨越不同的大脑网络来追踪同步的脑电活动，同时可以看到这些同步的脑电活动是否会根据呼吸的类型而发生改变。

结果发现，当志愿者只是顺应地观察自己的呼吸但是并不改变呼吸频率或节奏时，涉及内感受区域的脑波——内感受即对身体内部状态的感觉——会更加牢固地锁定呼吸频率。这可能很重要：正如我们跳舞时和做伸展运动时的体验一样，与你的身体感觉调频一致可以成为你理解和管理情绪的强大工具。该研究中的志愿者仅仅是每次对呼吸计数几分钟而已，但这却可以成为一个让你不再头昏脑涨并且平静地与身体其他部分再次联结的妙招。这对我们很有启发：或许我们也只需要一点点时间来做这些尝试——不需要坐垫或反复吟诵，你甚至都不需要闭上眼睛，不必透露出你在默默地做什么。有朝一日，如果你能把运用呼吸调节身体这个窍门形成定期打卡式的规律行为，那就可以显著改善你的心理健康了。

只是顺应地观察自己的呼吸但不改变它，这是正念冥想的一个关键特征。这可以解释为何有那么多研究结果都表明正念冥想既可以改善内感受力，也能改善心理健康。但那些每天都勤奋坚持 10 分钟正念冥想的人，如果只是不带任何评判地被动跟随自己的呼吸，那么他们还是有可能错失一些主动控制呼吸的好处。根据赫雷罗和梅塔的研究，主动地控制呼吸完全是另外一回事。

让人们故意去改变自己的呼吸频率时，大脑的不同部位都显现出了同步性的脑电活动，尤其是在我们已知的与注意力保持及精力集中有关的脑回路部位。其他研究也都表明，专注于呼吸可以减少西塔波并增加阿尔法波——西塔波代表此人处于走神状态，而阿尔法波则与放松的清醒状态有关。[8]根据注意力保持的研究结果，这是长期保持专注力所能达到的最好状态了。

然后，学会放下

不仅如此，当你有意识地改变自己的呼吸节拍的速度时，你的感受也会被极大地影响。

单就自身的内部结构而言，前包钦格复合体会将呼吸频率保持在放松时的每分钟呼吸 12 ~ 20 次之间，而在我们惊恐发作时，这一呼吸频率会因为过度换气而迅速飙升为每分钟 30 次。

深而慢的呼吸是一种经过了反复检验的方法，它可以让惊恐发作得到控制，可以让氧气和二氧化碳的比例恢复平衡，并且告诉我们的身体可以从战或逃的应激状态回归为普通水平的情绪唤起了。如果你已经在用正常的频率呼吸了，那么进一步放缓呼吸仍然可以改变你的心态，帮你远离现实烦恼，助你优哉游哉地快活似神仙。

佛教僧侣们已经将呼吸修行成了艺术，他们可以每分钟只呼吸 3 ~ 4 次——他们做一次呼吸，包括吸气和呼气，能长达 20秒。如此慢的呼吸控制无法在不经意间就自然达成，而只能是有意识地决定要超越现有状态之后才能练就。这并不简单，但它是可以做到的，根据最近的一项研究显示，我们值得为此而努力，尤其是当你正在寻找一种不依靠药物也能达到清醒的意识状态的途径时。

意大利比萨大学的安德烈亚·扎卡罗（Andrea Zaccaro）发现自己着迷于僧侣们的传说，传说中僧侣是可以到达世间存在的另一境界的，在那里他们能感到与这个世界以及所有人合而为一。他想知道，到底是缓慢的呼吸产生了这种不可思议的效果，还是在呼吸过程中排除了其他杂念后产生的副作用被心理放大了。换言之，心理的改变是人为控制呼吸的生理副作用吗？还是单纯地就只是一种大脑里发生的现象，即集中精力的副作用，也就是说和脖子以下发生的事情没什么关系呢？

为了找到答案，扎卡罗招募了 15 位学生志愿者，但他没有敲开他们的头盖骨，而是在其头部表面绑上电极，然后使用医用鼻套管，就是你在医院里看见病人吸氧用的那种，研究团队通过鼻套管将空气吹入鼻孔以控制呼吸，频率为每分钟 3 次，持续 15

分钟。套管旁边的鼻孔是被堵住的，所以被试无法像平时那样用鼻呼吸，但他们仍可以通过嘴部自由呼吸。听上去这个实验很不舒服，但事实并非如此，实际上，有两位志愿者的数据不得不在研究分析中被排除在外，原因是通过脑电波追踪发现他们在实验中睡着了。

剩下那些努力没睡着的志愿者的脑电波数据显示出，他们的脑电波都在低频的德尔塔波和西塔波上形成了同步。而在关联到情绪加工和 DMN 的区域里这些脑波频率尤其强烈，所谓 DMN 是指默认模式网络，它其实是一组脑区，充当了一种类似空档齿轮的作用，可以让大脑在不需要专注于某个特殊任务时自动运转。当我们对自己有内在思索的时候也会激活 DMN。西塔波是我们在深度放松、感到心灵超脱、专注于内在状态而不是外部世界时的脑波。正如你对这种大脑活动的期待一样，志愿者们报告自己在实验期间感受到了深度放松和大大的满足感，自己处在一种"存在"的状态里，而不是在"思索"。

这种听起来还不错的感觉可以用来解释，是什么让那些经验丰富的冥想者们如此执着于打坐。每分钟呼吸 3 次的能量相当于一次远离思考的假期，还能带给我们一种自由的感觉，好似我们成了比自己更伟大的事物的一部分。

了解了以上这些研究证据，你要么会相信一旦我们具备了足够的献身精神，就可以联结上一种更伟大的精神能量或全球意识，要么会接受这是一种能让你感觉良好的生物学现象。不管你怎样看待它，反正我想说的一个重点是，感谢你的脑电波和你呼吸频率和谐同步的方式吧，任何人都可以免费获得这种自由自在的感觉。你所要做的就是控制一下你的横膈膜以及肋骨中间的肋间肌，然后练习放慢呼吸到每分钟 3 次。

魔力数字 6

尽管如此，一分钟呼吸 3 次的呼吸法确实需要一点练习才能做到，何况，扎卡罗实验中的志愿者已经亲身体验过了，想要达到物我合一的境界而保持长久清醒且不打瞌睡可并非易事。

但每分钟 6 次的呼吸实现起来就容易多了，根据研究结果，每分钟 6 次呼吸似乎对我们的身体、心智和情绪健康也都有好处。每 10 秒钟一个吸气和呼气的循环契合了我们的生理舒适点，这个舒适点与我们身体中有关呼吸的身体活动有联系，比如血流、血压以及血液中的氧气浓度。此外，它还有助于自主神经系统的平衡状态，使其从"加速"态归为"平静"态。每分钟呼吸 6 次差不多等于是一个快速抵达平和喜乐的捷径。

下面这个实验或许可以解释为什么这样真的能让我们感觉良好。实验要求志愿者们以各种频率进行呼吸并且报告自己的感觉，结果被试报告每分钟呼吸 6 次的频率让自己感觉最舒服也最放松。在某种程度上，人类似乎在很久以前就已经靠着直觉这样做了。一项 2001 年的研究发现，古代的精神修炼，从背诵（拉丁文版）天主教《玫瑰经》，到吟咏瑜伽咒语，都具有将呼吸频率下降为每分钟 6 次的作用。研究人员推断，这可以解释为什么这种修炼能带给信众们如此平和舒适的感觉。[9]

即使你什么信仰都没有，就只从精神的角度来看，每分钟呼吸 6 次也会让最坚定的无神论者获得平静。你甚至都不需要有意识地给自己的呼吸计数，也不需要劳神去记忆唱诵词或祈祷语。你就只需要简单地做好横膈膜式呼吸——也叫"腹式呼吸"，一切就会顺其自然地发生。初学者若想从中受益，那么最简单的方式就是背部着地平躺下来，双膝弯曲，一只手放在胸口，另一只手放在腹部，然后缓慢地吸气直到你能感觉到腹部隆起，让你的肋骨向外和向下伸展。如果可以，不要让胸部有太大的起伏。然后在吸满气的时候，调动胃部肌肉将胃向下压，以使横膈膜回升原位，再将空气从鼻子呼出。经过练习后你就可以在坐着时、甚至在四处走动时也采用这种呼吸方式了。

其影响心智的最直接方式，仅仅是让更多氧气进入血流。在每分钟呼吸 6 次的情况下，肺部填充的肺泡比例是最大的——充满气的气囊将氧气扩散进血液，同时将二氧化碳滤出——这是通过最高效的呼吸频率为身体获取氧气的方法。部分原因在于，如果你不是人为主动排出呼吸后的废气，那么你就无法达到每分钟呼吸 6 次。在身体自主呼吸的时候不会发生这种情况——如果我们不再主动地扩张肺叶，横膈膜就会被放开，胸腔会回落到原位，那么空气就会被动地留在肺叶中。研究指出，只有主动地把我们身体里的空气排出，完全清空肺叶中的气体，形成更大的真空，后续的新鲜空气才能涌进来并注满肺叶。而这样反过来又会大大减少肺叶中的死区——死区就是从根本上被浪费的空气，其形成的原因是空气进入身体后，并没有充分地进入肺泡参与呼吸作用就又被呼出身体了。

由于身体存在这些运行机制，所以通过深呼吸就能够增加血氧饱和度，哪怕只是增加几个百分点，也足以使我们思考问题的能力产生肉眼可见的进步了。[10]在完成认知任务的实验中，一组被试在呼吸时被给予额外的氧气，而另一组没有，结果显示有氧气加持的那组人任务完成得稍好一些。[11]通过测量被试血液中的氧气含量发现，吸入添加了氧气的空气的被试身体里的血氧饱和度提升了几个百分点——提升后的百分比与每分钟呼吸 6 次的血氧含量差不多一样。虽然还没有人通过实验验证深呼吸本身是否提升了认知能力，但是如果已知深呼吸能提高血氧饱和度，而通过人工手段形成的相似血氧饱和度能改善认知，那么推测出深呼吸能提高认知能力也就很合乎情理。

尽管如此，值得指出的是，世界上的伏案工作者即使采用最浅的呼吸方式，也不会有任何窒息的危险。血氧饱和度的范围是在 96%～98% 之间，而我们的身体可以很好地将其维持在这一范围里。话虽如此，血氧饱和度也仍然有可能会临时升高，以此帮助我们保持清醒或是冲冲业绩。氧气与葡萄糖都是协助大脑功能运转的基本成分：至少在某种程度上，它们的含量是越多越好的。

迷走神经，宝藏神经

我们且把保持清醒暂放一边，再来看看缓慢而深度呼吸的另一个好处，就是那种强烈的身心放松的感觉。这得益于一种独立又有联系的身心通路，其同样也和每分钟呼吸 6 次相匹配。

这种关联来自迷走神经。迷走神经是我们身体里最长的神经，发端于脑干里的髓质（脑干是包钦格复合体被发现的那个区域），从这里一直延伸至消化道末端，途经心脏、肺部和消化道。如果你能看到自己的身体内部，就会发现迷走神经看起来很像两条长丝带，大约麻绳那般粗细，分别从脖子两边顺下来，然后分叉成几个更细的分支联结着各个器官。

迷走神经又长又粗非常明显，足以被最早期的解剖学家注意到。其最早的解剖记录来自公元 2 世纪的古罗马解剖学家派伽蒙的盖伦（Galen of Pergamon），那个时候，人们对于人类身体如何运转还所知甚少——盖伦其他著名的发现还包括动脉里流淌的是血液，而不是空气。真希望盖伦当年能够破解这种长而蜿蜒的神经具有什么功能，那么人类就可以从巨大的压力中自救了，因为如今我们已然知道迷走神经是我们身体中至关重要的中转站，它将信息传入和传出大脑，包括身体发生了什么最新情况，也包括我们应该如何思考、行动、感觉的信息。它还能调节炎症，炎症就是基于免疫的心身现象，如前一章里我们所了解的，我们所能做到最好的情况就是让炎症恢复到可控的水平。

构成迷走神经的纤维中大约有 80% 的部分会从身体器官运行至大脑，在大脑那里可以持续了解最新消息，而剩下 20% 左右的纤维会作为副交感神经系统的一部分朝反方向运行。副交感神经专门负责让我们的身体在无须担心的时候保持一种放松平和的状态。信不信由你，放松而平和才应该是身体的默认状态：这听起来可能像是个遥远的美梦，但你注定是要放松和平静的，除非你真的摊上了什么大事，或者生命受到威胁的时候。即便是天真的塌下来了，迷走神经也会等你"非战即逃"的危机一消失，就帮你把身体调回到"躺平休息"的状态。

要不断地向两个方向传递信息，这意味着当你感到平和时，只有迷走神经是在高度活动的，而呼吸频率、心率和血压都是慢下来的。所以当你找到一种放缓心率和降低血压的方法后，你确实会开始感到更放松。好消息是这种沟通渠道的双向特质使得它很容易破解——控制呼吸就是开启其他所有改变的钥匙。

出人意料的是，我们可以用呼吸来训练身体更健康地应对压力，无论是当即起效还是长远改善，都能通过改变迷走神经的活性来实现。经过一段时间放慢呼吸的练习，你可以改变自己压力反应的基线，从而让自己减少抓狂，就算是抓狂了也能更快恢复。

迷走神经的反应基线（也叫迷走神经张力）很容易测量，尽管是间接的测量方法，但通过追踪心率的变化，测量两次连贯心跳的间隔长度就可以了。你在家里通过各种手机软件和智能手表就可以轻松搞定。

若要具体解释心率、迷走神经张力和呼吸之间为什么有如此紧密的关系，那可是相当复杂，但基本上可以归结为胸腔起伏时内部产生的压力变化。[12]当我们吸气时，横膈膜向下移动，胸腔扩张，这样就增大了胸腔内部的空间，从而减少了内部各处的压力，负责将血液送往心脏的主动脉则处在减压膨胀的状态，也就是可以有更多血液流经此处。动脉里的牵张感受器探测到了这一变化就会通过迷走神经发出一个信号，即有更多血液要通过此路，它应该松开刹车，让心脏泵得更快些。

而当我们呼气的时候，情况与此相反。横膈膜向上移动，胸腔压力增大，挤压血管向心脏反流，减少静脉中牵张感受器的信号。所有这些都会通知迷走神经，血流量已经下降了，现在应该踩下心率控制的刹车片了，要放慢速度并避免不必要的心跳，从而尽可能地节省能量，因为可用的氧气已经用尽，肺部也没有空气了。[13]

所有这些开—关活动都意味着吸气时心率会持续增加，呼气时心率会持续下降。而心跳节奏的变化就像是给了迷走神经张力一纸委托书。归根结底，心率越多变越好，因为那意味着迷走神经在对每一次呼吸进行调节以将我们的心率保持在低而优的水平。如果心率的变化量下降了，那就是我们的身体处在压力之下的迹象，而迷走神经暂时被束之高阁。

虽然还没完全搞清楚是什么原因，但我们发现心率变异性（HRV）发生最大提升的时候，恰恰是人们每分钟呼吸 6 次的时候。而且其效果似乎是可以持续的——被试在一项研究中将每分钟 6 次呼吸的状态保持了 30 分钟，之后发现其 HRV 在这 30 分钟里和之后的一段时间都得到了提升，且被试报告自己在之后更可能采用以身体为基础的情绪调节策略，这显示其内部感觉的通道也得到了加强。

有很多原因可以解释为什么你只要有机会就想要使用这条通道来让自己获得平静。高强度的迷走神经张力（即高水平 HRV）与更好的工作记忆、专注能力、情绪稳定性以及降低焦虑和抑郁的风险都有关联。高 HRV 的人也能更好地控制血糖水平和更好地抑制炎症。这并非因为他们通常拥有较低的压力反应，而是因为拥有较高的迷走神经张力，这使得他们之后能更好地切断压力反应的途径。其实压力反应对我们而言既是健康的表现也是必需的反应，增加迷走神经张力并不是让我们永远没有压力，而是让我们有一个灵活的系统来帮助自己在感受到压力后尽快回归正常。

运动中的呼吸

既然控制呼吸会对心智有作用，而我们现在也知道了让身体活动起来可以改变心智，那么我们很自然地就会想看看将这二者合而为一、边运动边呼吸时会发生什么。让运动和呼吸同步化是很多身心练习的主流，从瑜伽、太极、气功到各种体育锻炼，比如游泳、跑步、骑行等，人们做这些运动时常常都是将呼吸与身体运动的节奏融为一体。

让人惊讶的是，虽然有大量关于静坐式冥想的研究，但关于运动中冥想这类研究却少之又少。所以运动中冥想与静坐式冥想对我们心智的影响真的不一样吗？或者说，有意识地配合呼吸来运动和任何其他种类的运动之间，真的有区别吗？

达特茅斯学院盖泽尔医学院的彼得·佩恩（Peter Payne）和马尔迪·克兰-戈德罗（Mardi Crane-Godreau）对那些为数不多的研究做了一个综述，并于 2013 年公开发表。他们对上述那两个问题的回答是：有可能。一些研究报告了气功对于改善心境的效果比只做伸展运动更好，已经达到了和谈话疗法差不多的效果。而另一些研究则发现，相比传统的体育锻炼而言，正念活动在提高生活质量和自我效能感方面是一种更有效的工具。

佩恩和克兰-戈德罗附加了一个相当重要的说明，那就是目前为止大多数的研究质量都不高，甚至很多研究都没有一个像样的对照组来做比较。他们指出，就算研究质量不高，可是考虑到正念活动相比传统体育锻炼的强度往往要小得多，而其对心智的影响却至少和其他形式的锻炼一样强大，单这点就很值得我们进一步研究它了。

佩恩和克兰-戈德罗还特别提到正念活动往往与魔力 6 呼吸法有关。鉴于这是呼吸和血流达到完美同步的最佳点，他们推测这可以解释"气"或"气息"在周身运行的感觉，因为二者都被翻译为呼吸和"能量"的意思。"（这种）血容量的改变可能是该建议的一部分基础……那种'呼吸进入四肢百骸'——一个显然在生理层面不可能实现的情况，恰恰是一种对血容量常规振荡的生动描述。"他们在文中如此写到。[14]

尽管如此，你不必担心"气"的运转，也不用担心怎么调节"气息"来让自己从中受益。根据我自己外出遛狗时所做的迷你实验，哪怕是你以每分钟 120 步的速度走路，采用每分钟 6

次的呼吸法也是绝对可行的。你会记起来我们之前讲过，这种步速也是血流借助恰到好处的足底按摩得以流向大脑的最佳步速。采用这种步速进行锻炼的最简单方法就是让自己的走路节奏与那些 120 节拍的流行歌曲的主旋律节奏保持一致。然后你就大步流星地朝前走，每五步吸气一次，每五步呼气一次。这更像是齐步走的感觉而不是闲逛，我个人其实很难坚持好几分钟都一直这样走路，但是在我伏案工作一上午之后，这一招确实能帮我快速恢复专注力，重启生命能量。

这与大卫·里奇伦（David Richlen）的想法一致，他认为行走让我们感觉良好是因为我们天生就是"认知型运动健儿"。或许快速行走与缓慢呼吸是将我们放入适当的心境，以使我们可以狩猎和采集，同时也使我们得以强化记忆与专注，从而能够保持轻松自在并向周围的世界保持开放。

不管你是选择在运动时调节呼吸，还是选择在静坐时调节呼吸，重要的是每分钟呼吸 6 次似乎是将呼吸、身体、心理综合在一起迅速改善身心健康的最佳结合点。不管何时，只要生活中的压力太大时，你随时能将自己的呼吸进一步放缓到每分钟 3 次，将自己从这个世界中抽离开，远离其中的所有事物，去享受一个短暂的假期。

运动改变大脑：减压呼吸法

- **感到压力就大声叹气**：它将在一段时间的浅表呼吸后重

启你的呼吸系统，让你能够反思自己并继续前进。

- **每分钟呼吸 6 次**：用 5 秒钟吸气，再用 5 秒钟呼气。这样做不仅会最大限度地摄入氧气，还可以刺激迷走神经，迷走神经是副交感神经系统的一部分，可以让身体平静下来。

- **每分钟呼吸 3 次**：用 10 秒钟吸气，再用 10 秒钟呼气。这需要练习，但能带你进入意识改变的状态，从而让你达到"存在"的体验。

- **用鼻子呼吸**：鼻呼吸通过鼻尖的感觉神经元使脑波频率与呼吸节律同步。这样做不仅能增强记忆力和专注力，还可以帮助身体在危急时刻更快速地行动。

第八章　也要学会停下来

"如果累了，要学会休息，而不是放弃。"

——无名氏[1]

休息是所有运动必然要经历的阶段，我们迟早都要接受自己累到想躺平的冲动。我们在运动时结合休息，并不会对我们心智和身体全力以赴地工作有丝毫影响，何况大多数人的问题不是休息太多，而是运动不足。但是也有一种说法是我们并没有恰当地休息。要想让运动提升我们的生活品质，就要在活动与休息之间找好平衡，这很重要，所以我们也需要专门来看看休息对我们意味着什么以及怎样才能更好地休息。

几乎每个人都感觉自己大部分时间都在筋疲力尽地讨生活，所以鲜有研究专注于什么才是真正的休息——保持清醒的状态算休息吗？还是只有呼呼大睡才算休息？尽管睡觉肯定也是有休息作用的，但休息和睡觉是完全不同的两码事。两者最大的不同点是，如果不睡觉我们就会死。被剥夺睡眠的实验小白鼠会在几周内死亡，有一种罕见基因缺陷会让人因为睡眠被逐渐剥夺而在12～18个月内死亡。[2]

慢波睡眠对我们的健康尤其重要，慢波睡眠就是我们很难被唤醒的深层睡眠阶段，它对记忆的加工和存储至关重要，我们的大脑还会在夜间的这个阶段进行内部清理。流经大脑和脊髓的体液冲洗着大脑，将白天积累下来的废弃排泄物从大脑中清理掉，这些废弃物中就包括了与阿尔茨海默症有关的罪魁祸首蛋白质。[3]做梦似乎对处理情绪有帮助，而做梦大多发生在快速眼动的睡眠阶段，这就可以解释我们为什么会在缺乏睡眠时不但头脑昏昏沉沉，而且连情绪也是暴躁古怪的。

睡眠也使身体有机会得到修复。脑垂体在睡眠时释放出的生长激素可以促进发育，同时可以趁着睡着后免疫系统停工盘点的时候进行检修，从而对循环免疫细胞的数量进行微调并抑制过度的炎症。[4]

总体上来看，对于一个运动的有活力的生命体而言，睡眠是重要的因素。它能帮助我们在心理上、情绪上和生理上都保持最佳状态。专家通常的建议是每天晚上争取睡到 7 个小时。[5]保持规律的上床和起床时间，睡前避免摄入咖啡因、看电子屏、大吃大喝。若能照此执行，再加上点运气，那么我们在心理健康和身体健康方面的受益将会水到渠成自然显现。

清醒状态的休息也同样重要，但和睡眠不同的是，它是需要刻意而为的。可悲的是，西方文明并没有对其给予充分的重视。对忙碌的盲目崇尚使得我们将休息看作是自私放纵的行为。然而关于职业枯竭的报告从社会的各处传来，从学生到医学专家，再到完美主义的父母。不管我们坐着的这几个小时干了些什么，反正我们肯定不会觉得自己在休息。

　　或许是因为现代社会低估了休息的重要性，所以很少有人把休息当作促进身体健康的方法来加以研究。为了填补这些研究空白，由威康信托基金会支持的一个包含了科学家、艺术家、作家在内的研究团队，于 2014 年至 2016 年间从事了一项迄今为止该课题领域的最大规模调研。他们向来自 135 个国家的 18000 人调查休息对他们而言意味着什么，感觉自己需要多少休息时间，以及实际上获得了多少休息时间。调研结果以"休息测试"的名字在 2016 年公开发表，其中有 60% 的被试觉得自己在生活中并没有获得足够多的"躺平"时间。[6] 此外，就像是为了强调人们觉得休息不道德这个事实一样，有超过 30% 的人竟然会因为自己好像需要比别人更多的休息时间而认为自己不正常。

　　这就有问题了，因为缺乏休息会对我们的精神生活和情绪状态造成严重破坏，削弱我们的注意力，还会让我们感觉疲惫、烦躁和情绪化。"休息测试"的研究结果发现，那些感觉自己休息得够多够充分的人们在整体的身心健康方面得分最高。

　　所以，如何在休息的需求与久坐的危险中把握平衡呢？解决之道就是要更有智慧地休息，确保休息既可以缓和身体、修复心神，同时又能复活机能、让我们重新运动起来。

　　克劳迪娅·哈蒙德（Claudia Hammond）在《休息的艺术》（*The Art of Rest*）这本书中，为大家列出了一些基本的选择。她在威康信托基金会的调研和其他相关科学研究的基础上发现，[7] 就像没有适用于所有人的运动方法一样，也没有哪个休息的方法能放之四海而皆准，但我们仍然可以从中找到一些普遍规律帮助自己好好休息。

而在休息和睡觉二者间有一个关键区别是，休息并不一定需要躯体上的静止。如果你在徒步爬山的时候，内心能感觉轻松放空，即使之后身体会感觉疲累，但也会获得一种满足感，那么徒步爬山就可以算是一种休息。同样地，做做园艺、演奏乐器、进行性行为或是参加体育比赛也算休息：休息是可以随心所欲的，只要能让你的头脑暂时摆脱那堆烂摊子，并使你感觉到精神放松仿佛被疗愈了。

要说每天休息多长时间是最好的呢？答案似乎是，这么好的东西，你拥有多少也不为过啊。那些身体健康程度评分最高的人们平均每天会保持五六个小时的休息（没必要攒在一次休息完成）。超过这个平均数的休息时间反而会让人感觉无聊和内疚，让人很有压力。所有休息都应该是自愿进行的——如果你是被别人强迫才休息，那这种休息就会失去作用。

一个特别有趣的发现是，所有休息效果最好的活动几乎都是那些可以一个人做的事情，包括阅读、散步和听音乐。我这种内向的人对此真是太心知肚明了，不过这也适用于调研中那些性格外向的人。作为"休息测试"的专家组成员，心理学家费利西蒂·卡拉尔（Felicity Callard）推测，人们发现独处时光更能休息放松是因为独处可以让他们开始关注自己的内在感受。

在兜了一圈之后，我们又回到了起点，即多多运动所具备的主要好处中，有一个好处很重要：运动能使我们更好地了解到脖子以下的身体部位发生了什么，运动让头脑回归到它本来就属于的身体中。一旦头脑和身体得以更好地联结，我们就更有可能识别出身体要休息的信号，从而做出休息的行为。

究竟是身体上真的精疲力竭需要休息了，还是在无精打采的时候来点运动反而更有效，要在实际生活中区分出这二者并不容易。同时，因为我们中有很多人本身就有轻度的睡眠不足问题，所以要不要睡觉也让事情变得更加复杂。在生理感觉上，身体的疲劳信号与无精打采的信号是相同的——而这些信号又常常同时出现，所以要想区分它们就需要一点内部侦察工作了。

这时就要靠常识出马了。如果你已经坐了很久，甚至还动用了大量的心理能量，那么很可能此时冒出来的就是无精打采，它更多的是一个动力性问题，而疲劳更多的是一种身体已经做了很多而现在需要弥补能量的标志。当你难以区分这二者的时候，明智的第一步是花点时间，和自己在一起，找到自己急需的心理空间核对一下自己的感觉，然后才能决定是从躯体上摆脱无精打采的感觉更好，还是把手头工作放下一会儿休息休息更好。

这听起来挺简单的，假如没有炎症在我们读取身体信号时从中捣乱的话。炎症是一个重要的休息信号，它会告诉我们身体已经受损或感染，需要优先考虑恢复所需的能量。但是，正如我们已经看到的，炎症也会因压力过大而增加，甚至这种危害在心理上的影响更甚于在身体上的。这解释了我们的心理压力为什么会让身体消耗那么大，以至于让我们都没有心情去跳舞、去奔跑或是做任何其他体力活动了。在这些情况下，炎症诱使我们产生一种好像身体需要休息的感觉，但实际上我们需要的恰恰相反。

要应对与压力相关的这种疲劳，我们有两种选择，这两个选择都包括运动。一个方法是去做些高强度的训练。强劲的体力活动会在短时间内提高血液中的炎症标志物水平，这听上去挺糟糕的，但是别忘了：只有当炎症不受约束地发展时，它才会成为一个问题。我们人为造出的这个短暂的炎症小峰值会向身体传递一个非常清楚的信号，那就是身体现在需要的是浇灭炎症的小火苗并将一切带回到可控的范围里。你可以把这理解为一次清剿，它促使我们的身体对免疫活动的甲板进行清扫。你也可以选择另一个方法，也就是不那么强劲的活动，比如散步、打太极、做瑜伽，或只是坐着调节你的呼吸，这些都可以通过侵入应激反应，让压力下降并经由迷走神经发送一个安然无事的信号，从而最终让你的炎症消退。不管你喜欢什么样的减压运动，它都能让你在更短的时间里从昏昏欲睡变成精神抖擞的样子，而不是让你说服自己已经筋疲力尽动弹不得。

所有这些都在表明，当代人疲劳的祸根一部分是缺乏运动，还有一部分是缺乏适当的休息。如果只关注其中一部分而忽略了另一部分，那么最多只能帮助你实现一半的全面健康。我们需要在运动后回归宁静，也只有从宁静之地开始才能很好地运动。

运动改变大脑：休息

- **独自**：花点时间关注你的内在感受，确认自己需要什么样的休息，是需要精神上的还是躯体上的或者二者都需要。温和而用心的运动，比如拉伸或呼吸都很管用。

- **不要整天休息**：根据研究结果，休息超过 5 ~ 6 个小时会让人变得无聊和有压力。

- **运动**：休息不一定只有静态的。做体力活动是让忙碌的头脑得以休息的最好方式之一，你可以全力以赴赶走睡意，或者放慢脚步让你的心神畅游其间。

总结：运动改变大脑实践指南

"万事发端于运动。"

——阿尔伯特·爱因斯坦

指出身体运动与身心健康息息相关的所有科学证据是一回事，证据在生活中突然跳到你的脸上又是另外一回事了。即使我曾经怀疑过运动是否真的和健康专注的心智有关联，那在 2020 年因新冠肺炎疫情导致隔离封锁的那几周里，也就是刚好在我写就此书的最后阶段，我的这些怀疑也早就烟消云散了。体力活动、新鲜空气、运动锻炼这些东西从未如此明显地与我和家人的感受联系在一起，而当太平盛世被抛诸脑后，世界变得恐怖和面目全非时，这些东西也从未如此明显地影响到我们专心致志的能力。

这种联系很快就凸显出来了，举个例子，新冠肺炎疫情期间我的儿子居家上课，如果他是以 YouTube 网站的乔·威克斯（Joe Wicks）虚拟体育课开始的这一天，而不是穿着睡衣在屏幕前点击鼠标的话，那他每天坚持写 500 字的写作目标就能实现，且不太可能以摔门来结束。在蹦床上蹦蹦跳跳的运动方式对我儿子来说是个好方法，可以帮助他在学习不同的科目之间切换一下，使这一天的安排显得结构化，也为他提供了释放紧张能量和排解挫败情绪的出口，并对专注力进行重启。我成年累月地每天在家埋头写作，却没有尝试过一次蹦床式休息，我真是服了我自己了，之前竟然一点都没想到过这种方法。

随着日子一天天熬过去，我们所有人都渐渐明白了，全家人都沉浸在灰暗气氛的时日，正是我们远离了呼吸新鲜空气和运动锻炼的时光。一旦我们最终能运动起来，无论之前有过多少拌嘴和斗气，只要来上一段长途散步或是大家一起骑骑自行车，我们就总能，真的是总能又开始畅所欲言哈哈大笑。

封锁隔离是很艰苦，但在很多方面它也是一种礼物。它让我们看到了伏案生活需要付出的心理和情绪代价的缩影，同时也向我们呈现出一副让人宽慰的清晰画面，那是只需要一点点正合时宜的运动就可以获得的画面。当你一天只被允许外出一次的时候，就像疫情期间的英国政策那样，外出前后的差别简直是判若两人。

我为了写作本书而做研究时遇到的那些人并不需要经历隔离才懂得这些道理——他们早就对此实践已久。我写作本书的目的是将他们的体验和不断增长的运动影响心智的科学理解结合起来，也是为了让我自己以及每个人都能确信，要把我们的身体和活动身体的方式放在我们追求健康、快乐和整体幸福时最重要的位置。

到目前为止，我一直尽力向读者讲明白运动对心智的影响，我将这一问题拆开了揉碎了，分别去看各个部分。虽然这恰恰是很多年来西医一直被全科医生所诟病的做法，但我并不会为此道歉——想要弄清楚那是怎么一回事，这可是很关键的第一步。不过，要想让其在日常生活中发挥作用，就必须把所有这些活动部件重新组合起来，再提出一些有用的建议，使我们知道怎样可以把现在掌握的这些知识付诸实践。

明智的第一步就是先来看看，在我和科学家以及运动专家们的对话中，有哪些被不断提及的共同主题。然后我们就会发现有很多大家都在共同关注的东西——我有时会有一种明明大家用的方法很不一样，但确实大家又都在努力做同一件事的感觉——因为各种形式的改变心智的运动，都要用到那些重要的"身心热线"。努力做到下面这几点你就会发生改变，不管你喜不喜欢，你都会从中获得相同的收益。

综上所述，所有的运动计划都包含了一些必备要素：

1）挑战地心引力

忘记那些花式健身器材：人类的身体构造天生就是用来对抗地心引力的。在骨骼上施加重量和运动都可以刺激我们的骨骼释放出骨钙蛋白，而骨钙蛋白又可以促进记忆和整体认知，并且还能减少焦虑。

用一种不会累瘫的方式运动或休息（跪着、蹲着、无靠背直坐着）也能保持核心工作——这对于强烈的压力反应有潜在好处，同时也能让你的海绵状腹部肥肉稍微少一点。而当我们对抗重力、活动身体的时候，脚底受压又会有助于血流更高效地运行周身——从而对大脑产生潜在的促进作用。

带着自己的一身肉肉走来走去还能强健你的肌肉，增加一种自信的感觉，提升自尊，在你向前行进的同时，其实是在生理上和心理上都将自己带到了一个更好的状态。

2）节拍同步

人类是社会性生物，运动是为自己提供了一种与他人联结的有效方式，尤其是在我们组团一起运动的时候。脑成像研究发现，以小组为单位开展工作的学生可以在合作之初就开始同步彼此的脑波模式。早期研究也有迹象表明，我们一起跳舞的时候也会发生相同的情况。我们已经知道了，随着音乐的节拍动起来会让个体的大脑与心跳同步。而随着音乐一起动起来会使"自己"和"他人"间的界限变得模糊，从而让人们更有可能共同合作不分彼此。所以大家一起来做些能保持同步的活动是很有意义的，不管是跳舞、打鼓、太极还是组团上健身课。所有这些其实都是在做同一件事——让我们感觉到彼此的联结。或者，如果你感到孤单寂寞，无依无靠，那么借助音乐调整自己的状态（哪怕只是跟着打拍子也好）可能会帮你拉近一点和这个世界的距离。

3）别忘了你本能的生存技巧

你不必靠游泳穿越河流，也不必为了摘个椰子而爬上树梢，更不用朝着一脸无辜的野兔子扔长矛，但你要让身体体验那些生来就能让你感觉良好的活动。在筋膜、拉伸、移动能力和一个健康的免疫系统间所显现的种种关联都表明，在整个人体活动范围内的运动可以让全身上下的体液以其本来该有的方式运转，这在某种程度上可以预防令情绪消沉的炎症。

其中包括缓慢的舒展运动，例如轻柔的游泳动作或是为了让关节能更好地活动而做一些热身拉伸，或是更有爆发性的跑步、跳跃和投掷，这些运动都能一气呵成地释放之前积蓄的能量和沮丧情绪。遇到压力特别大的时候，运用人类发展良好的投掷技能不失为一个宣泄情绪的好办法。如果你没机会和自己养的狗狗玩扔木棍的游戏，又不喜欢玩棒球或板球，那现在有些地方能教你直接扔斧子找乐子。这值得一试，可能会对你有所帮助。

4）控制好腹部—鼻子呼吸

这并非什么新式瑜伽动作，它只是一种用鼻子呼吸，同时以每分钟呼吸 6 次的方式移动腹腔横膈膜的能力。

不管你呼吸的频率是多少，无论你是想专注呼吸保持清醒，放缓节奏只为轻松；还是想努力追求一种意识改变的状态，最终

达到物我两忘的程度；总之，只有通过鼻腔呼吸才能让你的脑波
与呼吸同步，为你提供通向另一种心态的快速通道。

此外，有证据表明深度吸气可以在增加全身氧气流量的同
时，增强专注力和记忆力。而用嘴呼吸则完美地避开了所有这些
好处，并会导致口臭和蛀牙。

5） 身心一体

人类将心神驱出头脑再将其归还身体的需求，是所有为了提
升整体幸福感而开展的运动研究都高度关注的一个主题。这样做
之所以有用，是因为聚焦身体会迫使你进入当下，并将注意力放
在那些提示你下一步行动需求的身体感觉信号上。

研究显示，专注于身体本身的运动可以带给你很多和高强度
体育训练一样的好处，这种运动和尊巴健身操、杂技动作或是高
强度间歇训练（HIIT）不同，任何人想做就能做，包括年幼的
人、年长的人、身体健全人士或不健全人士。

这提示我们，任何形式的运动，不管是缓慢的、安静的还是
刻意的运动，都要以倾听自己身体的需求为目的来完成，这是制
订任何运动计划的重要基础。这听起来可能有点太"新世代"
了，但重点是要提醒自己，你并非一个把大脑挂在腰带上的人，
而是一只身心完整统合的特殊动物。而你这只动物既不会只用大
脑思考，也不会只用肌肉说话。

6） 放飞你的心神

这一条的内容真是太不具象化了，它指的是让你的心智从身体中解放出来，允许自己只是"存在"。感谢脑电波导引的奇怪而又真实的世界，有节奏感的运动都是你的好朋友。当我们的注意力集中在节拍上的时候，身体的活动就不太需要多少意识来控制了，这可以让我们的躯体暂时卸下心防。随着拍子有节奏地运动能产生催眠般的效果，这是人类发明化学替代品之前，让自己能够放飞心神的好方法，这种方法直到今天还一直管用。

作为同一事物的低配版本，跑步或散步或者任何有节奏的重复性运动，比如骑车、滑雪或任何你能不经思考就做得很好的事情，都和其他休息形式一样，对我们的幸福生活至关重要。运动是催生创新最简单的方式，这种创造力通常会在最不可思议的场合呈现出来，比如你在洗澡的时候或是迷迷糊糊马上就要进入梦乡的时候。专门试试这一方法吧，让你的心神自由飘荡，然后你会为自己突然想出来的那些奇怪又美妙的东西而惊叹。

7） 从做中学

正如彼得·洛瓦特将舞蹈技巧运用于阅读时所发现的那样，身体素质不仅代表良好的运动能力，还可以转化为新的思维方式。我们的文化倾向于认为学习就一定要坐在那里学，可是我们天生就是一边运动一边学习的。通过体验那些身体天生就要做的运动，我们得以开化心智，由此掌握了理解世界、理解自己成就目标的新方法。

无论你怎么运动，感到自己强壮、身体灵活又可控是你增强自信和建立信念的潜在来源，是你疗愈焦虑的解药，也是让你总体感觉更好的一个捷径。不管你是通过更多的力量训练还是平衡练习，抑或是韵律运动来达到目的，使你的身体契合你的生活，这一点毫无疑问值得你付出时间和努力。

改变生活的习惯

那么现在还剩下一个难点：在你的生活中寻找空间来契合这一切。鉴于我们每个人都日理万机，也许最简单的做法就是不要再去费心挖掘更多的时间做体育锻炼，而是在现有的生活中增加更多的日常活动。

其中一个方法就是从全世界那些为数不多的榜样身上获取灵感，那些人不像我们其他人这样疏于身体、心理和认知的健康管理。世界上有五个长寿的热门地区，其百岁老人的数量是全球平均数的十倍。它们是撒丁岛、希腊的伊卡利亚岛、日本的冲绳岛、哥斯达黎加的尼科亚以及加利福尼亚的洛马林达。这些地方的人们罹患痴呆病和出现心理健康问题的比例远低于平均水平，更重要的一点是，他们都很少闲坐着。

此外，他们其实很少专门从事你所说的"体育锻炼"。相反，低强度的活动是他们每日生活必不可少的一部分，比如园艺、觅食和走路。毕竟这些本来就是我们生活的目的。哈扎人是一群生活在坦桑尼亚的现代狩猎-采集者，他们的生活方式多少有点像我们的人类祖先，但他们也不专门做体育锻炼。男性平均每天要走 11 公里远，他们用弓箭捕猎，攀爬上树收集蜂蜜。女性每天则大约要行走 6 公里远，用锋利的小棍子从干燥的土壤中挖植物块茎获取食物。[1]这些工作并不容易，但也抵不上一套 HIIT 的训练强度。进化人类学家赫尔曼·庞泽尔（Herman Pontzer）的研究发现，哈扎人每天消耗的卡路里与现代西方人消耗的卡路里平均数大致相同，只不过哈扎人是在更有智慧地消耗热量。他们蹲下的时候，并非因为感到酸痛，只是因为蹲下能让他们休息一会儿同时还不会把后背弄脏。实际上，他们的腿根本不疼，因为他们已经习惯了站起身走来走去。此外，他们的寿命和我们一样长久，身体还比我们更健康，最近的一项研究报告甚至毫不客气地写道："看上去哈扎人比研究他们的西方科学家还要更幸福呢"。[2]

现在看来，低强度的和全天候的运动这两个要点似乎很贴近我们身心的理想运用场景，即要保持给身心的齿轮上油、润滑保养，而血液、淋巴液以及身体里的各种体液都在内部运转流动，从而支持我们的思维、感受和活动。但那并没有改变这样一个事实，那就是，当你坐着伏案工作、坐着往返通勤、瘫坐在沙发里的时候，你都很难实现你的目标。

那该怎么办呢？已经有与时俱进的商家开始卖站立式办公桌

了，甚至还有那种桌子旁边连接着自行车锻炼的附件，散步式会议也成了新兴事物，但只有当你自己的职位足够高时才能推动这种会议的开展，还得是开会时不需要做会议纪要的情况下。至于站着看电视或者插播广告的时候站起来走两圈的提议嘛，你要是能这样坚持超过一个晚上，那我就承认你是比我更强大的人。

改变现有生活的习惯是件很难的事情。剑桥大学行为和健康研究室的一名行为改变方面的心理学家特雷莎·马尔托（Theresa Marteau）告诉我，我们真正可以控制的唯一环境就是家里。[3]心理学研究表明，我们所做出的那么多的决定，其实或多或少都是在睡眠中决定的——对无意识的线索做出反应，不经思考直接去做。这意味着在你的日常生活里增加更多运动的唯一方法就是改变你的居家环境，改到你忍不住想要多多活动的地步。

其中一个选择就是极简化你的家具，这在某些圈子里风行一时。追随着（还得是光着脚追）运动大师凯蒂·鲍曼（Katy Bowman），运动爱好者们走到哪都会用坐地垫取代坐沙发，还会把餐桌的桌腿锯掉，这样就可以用蹲姿或者跪姿来替代坐姿了。或者，对于那些不想显得太寒酸的人，也可以花上好几百美元买个设计师款的桌子，这样就能拥有既适合蹲着的高度、又能调整到适合普通高度及站立办公的高度的桌子。

其实没有必要投入那么大，当然你要真想花钱也没人拦着你，但毫无疑问，在地板上多花点时间或许是最好的努力方向。原因很简单：你总归是要起身的，你又不能增加你的腿长对不对？所以每一次你的双腿都要承受相同的腿部压力，因为你的整个体重是不变的。每天不断地起身又蹲下还会提升你的平衡感，减缓人到中年后身体稳定感的流失。

而这一切显然是当你居家工作的时候更容易做到，在家你可以自由移动，动来动去也没关系，坐在地上甚至蹲在电脑前也不会有人嘲笑你。上面这些招数我都试过，而且鉴于我本人 4 英尺 11 英寸的身高，不管坐在哪里我的双脚都很难够到地面，所以就经常把脚用这样或那样的方式塞在我的身下，这样就很容易动来动去，会经常变换位置。

最近，一项关于久坐不动的行为与健康的研究给出了一条经验法则，那就是如果你不能像这样动来动去，运动也不是你工作中不可分割的一部分，那么你或许应该给自己设定起身站立的目标，并且每隔 20～30 分钟就要起身活动活动。[4]普通人平均每分钟可以阅读 250 个字，这意味着你大约每看完 10 页书就要拉伸一下双腿或是休息一下。记住，即使你是自律的健身小达人，整天站立也会对你有害。正确答案并不是要你做更多的全身体育锻炼，而是要经常做些小运动。

自然训练（MovNat）的专业团队设计出了一套名副其实的自助餐，叫"运动加餐"，他们建议你在一天当中随时"进餐"。和食物加餐一样，这些"运动加餐"倾向于在你不经意间累积运动效果，在你意识到改变之前就已经让你的身体有了肉眼可见的进步。自然训练认可的"加餐"包括以面朝上的姿势四肢着地爬行、不用手辅助从地上起身（以及不用手回到地面）、单腿保持平衡或用指尖扒着悬吊在门口。其实只要你能起身去做点什么，任何活动都可以成为你的"运动加餐"。

　　只要有足够的动来动去、绕着街道行走，以及做一点园艺或是家务活儿即可，在你的生活里增加更多的运动并不一定需要你在自己的日程安排里塞入更多的活动规划。甚至可能是需要你顾全整体结果反而要少花时间去健身房，没准这样你还能有额外收获，毕竟不会再有人对你啰唆，说你应该冥想、应该提高专注力、应该改善心理健康等各种唠叨。通过更频繁的与自己的身体协调一致，你会更加聚精会神，并且自动从你喋喋不休的混乱思维中脱身。总之，动起来就完事了。你甚至能做得更好，只要你能把运动变成自己每日生活的一个基本特征，你就再也不会为了保持静止状态而觉得内疚了。

写在最后：一份运动宣言

我衷心地相信，在本书中概述的调研结果不仅会对个人健康有极大的促进作用，还能让我们的社会变得更好。

有一大波人都在学习和教授运动这件事，还有一个平行的科学体系在展示运动的价值。但是，我们也要面对一个事实，如果过去这么多年里我们有学到什么的话，那就是空有事实和知识并不足以引起我们的改变，就目前的情况来看，我们还要走很长一段路才可以过上那种发自内心热爱运动的生活。

尽管世界各地都有很多了不起的项目正在进行着，然而事实仍然是，有很多可能从中大大受益的人们并没有获得那些必需的资源。将运动带回到你的日常生活里需要你在时间、金钱和精力上都认真地投入。下面这些，不管有没有用，都是我认为最需要改变的地方，写下来也是为了帮助那些有能力做到的人了解自己如何能做到最好。

从小时候开始

19 世纪的美国社会改革家弗雷德里克·道格拉斯（Frederick Douglass）曾经说过："养育健壮的孩子比修复破损的成人更容

易。"现代心理学对此表示同意。这么一来，让运动重新回到我们生活核心的最好方式就是先接受我们自己已经把它搞砸了好一段时间了，然后再为下一代能好好运动而投入大量资源。

考虑到有多达 20% 的年轻人都有心理健康的问题，再结合研究发现的情感素质发展中内感受器的重要性，所以我们应该优先在学校里构建正念运动的某种形式。年龄很小的孩子很容易就能专心投入到想象性的游戏里。最近一项由威斯康星-麦迪逊大学的健康心智中心主持的实验中，4～5 岁的孩子被要求通过模仿大象或蜗牛的移动方式来想象自己是各种动物的样子。研究的带领者要在孩子们这样玩耍时温和地引导他们留意自己身体的感觉，询问他们这样的问题："你能感觉到自己的呼吸填满了小蜗牛的壳吗？"或是"你能使劲挤住大象的长鼻子别让水流出来吗？现在能把水喷出来吗？"这对孩子们来说就只是在玩有趣的游戏而已，可是实验结果却告诉我们这大有用处。2015 年的《发展心理学》（*Developmental Psychology*）期刊上曾发表过一项研究，威斯康星的科研团队报告说，通过与控制组的比较可以看出，这些干预措施与其他形式的正念训练，共同促进了亲社会行为和情绪的发展，同时还提高了他们的学术成绩。[1]

7～11 岁以及初中年龄段的孩子就不太喜欢玩这个游戏了，但即便如此，正念运动的好处却对这个年龄段的孩子更加重要，因为他们开始步入社会，探索一个更为复杂的世界，并且逐步成长自给自足。这个年龄段的孩子仍然可以学习如何读懂身体传递出来的信号，只不过是通过武术课或者瑜伽课的形式，或者我们甚至可以再脑洞大开一点，教给他们马戏技巧或者跑酷。再比如"怎么转移重量来增加从后面推球的力量"，这类基本的运动技能为什么就不能在学校里通过正念运动之类的媒介来教授给我们的孩子呢？

不管这些是交由专家老师来做还是纳入学校体育课的一部分，要想实现这些显然要有所投入，所以我们先来重新审视一下学校体育课的现状吧。体育课在英国算必修课，官方建议每个星期学校至少要保证有两个小时的体育课，但是学校可以自行决定在课表里安排多少体育活动时间。[2]所以实际情况就和规定大相径庭了，且不说每周那两个小时的体育课就跟没有一样，此外还有多达1/3的中学已经砍掉了这仅有的体育课时间转而用来做填鸭式的死记硬背。

美国是没有全国统一的体育课标准的，但是根据安迪·米尔恩（Andy Milne），这位曾被嘉奖的体育老师，同时也是伊利诺伊州的一位博客写手所言，"我们眼见着体育课被砍掉或是被其他课程替代的压力越来越大，"他告诉我，"学校会以各种借口取消体育课，要么是没有体育设备，要么是没有体育老师，要么就是校方认为开设正经科目的学术时间都还不够呢，怎么可以将时间浪费给体育课。"

结合我们已知的运动对于心理健康和认知能力——更不要说身体健康——的重要性，这些目光短浅的做法就很让人担忧了。英国拉夫堡大学的体育研究员乔·哈里斯（Jo Harris）在2019年提出了这点，她呼吁将体育课视为与英语课、数学课、科学课权重一样的核心科目，"在学校教授的诸多科目里，只有体育这个科目是主要关注身体的。"她指出。哈里斯还说，身体胜任力应该"与阅读能力、写作能力和算数能力一样被重视"，而不是被边缘化。

除了要振兴体育课外，学校当局也可以从伊莱恩·怀利（Elaine Wyllie）的书中汲取一些教训，她 2012 年时任苏格兰一所小学的教师主管，并意识到了长期伏案的生活方式正在影响着孩子们的身体和心理健康。于是，她发起了"每日一英里"活动——孩子们每天都有 15 分钟放下手里的书本去外面慢跑或者围着操场跑圈。班级教师可以自主选择什么时候组织大家做这个活动——所以有可能是在发现孩子们特别百无聊赖时，或者是孩子们静不下心坐立难安的时候——跑的时候是整个班级一起去跑的，每个人都可以按照自己的节奏跑，嘴里还能随便发出自己喜欢的声音。

"每日一英里"活动后来持续推广到了 11000 所学校，受众学生超过了 200 万人。2020 年的一项研究选取了 5000 多名日常参加"每日一英里"的学生，结果发现，无论是与做更多强化 bleep 测试训练的另一组学生相比，还是与每天在活动的 15 分钟就只是站着看看的学生相比，他们在认知测验和幸福感方面都取得了更高的评分。[3]

这很奇怪对不对？我们明明专门为孩子们设置了游戏时间让他们走出教室尽情玩耍，为什么到头来反而变成了我们要求他们出去玩？只能说这个问题的答案挺令人难过的，因为现如今孩子们的游戏时间已经不再像过去那样被学校重视了。在美国，休息时间，也就是课间，一直是被缩减的牺牲品，自从 2000 年以来已经有多达40%的学区缩减了课间休息的时间。[4]美国疾控中心的数据显示学生在学校每天平均大约只有27分钟的休息时间，而且并不是所有的学校都有固定的课间休息，甚至有些小学也不能保证。[5]在英国也是类似的情况，85%的小学和50%的幼儿园都减少了午后游戏时间，午餐时长也比以前更短了。根据得出这些数据的科研负责人，心理学家埃德·贝恩斯（Ed Baines）的说法："孩子们很少有足够的时间排队吃午饭，更不要提有时间去做别的事情了，包括那些社交、身体锻炼，或者拓展自己爱好的活动之类的。"[6]

与此同时，芬兰的孩子们却能在每节45分钟的课程后有15分钟的课间休息，每天算下来能有1个多小时的休息时间，这些时段里他们都被鼓励要多多活动身体。时至今日，芬兰的孩子仍然在国际上保持着某些方面最好的学术成绩。

无论你对此怎么看吧，反正多运动对孩子们有好处——这些好处不仅体现在情绪和身体方面，也包括学术成绩方面。我们需要转变现状，并且是越早越好。

运动疗法

嘴上说着体力活动对心理健康有好处是一回事，而将其妥善纳入标准化治疗体系则是另外一回事了。在我们以大脑为中心的世界里，要给予人们具象化的知识，让人们了解理性思维并非感受情绪的唯一方法，这在我们改善心理健康的任何尝试中都将会越来越重要。要明确的一点是，我并非反对药物治疗、冥想或谈话疗法：这三种方法都曾经在不同时期帮助过我。但是运动也需要得到和其他心智调控方法同等的重视——也应该被同样写入医嘱处方中。

对于那些想要寻找此类治疗的人来说，我们已经有了一些非常不错的进展。英国有些医生会在处方里写上"绿色健身房"——那是一个由志愿者运作的谈话项目，旨在将一些与环境相关的项目与改善身体和心理健康结合起来。类似这样的方案最近在英国达到了100多个，有传闻显示这些确实提升了人们的幸福感，并缓解了精神疾病的症状。

考虑到谈话疗法的价格昂贵，以及等待治疗的时间较长，美国的医疗保险可能也不全覆盖这一块，那上述这些治疗方案就显得格外重要了。正如我们所见，增强力量、拉伸、舞蹈和呼吸控制对于心理健康的有效证据可是一点都不含糊的。这些方法都可以大家一起来做——它也确实更适合在团体中一起做——并且它还能对心理健康的很多重要方面产生即刻的影响。医疗行业，以及那些拨款给医疗行业的人，是时候不要再把运动当作额外选项去对待了，也是时候给那些以运动为基础的治疗方法正经划拨点经费了。

对于有学习障碍的人群，现状要更好一点——至少在特殊教育的背景下，大家都很能理解运动和身体体验的价值，而核心训练、运动间休息和感觉意识的培养本身也是这类学校日常教学的一部分。

尽管那么多有特殊需求的孩子正在主流教育体系中经历着运动越来越被边缘化的情况，但我们仍然是有提升空间的。加大了对运动疗法的拨款后，有特殊需求的成年人也可以从中受益。慈善团体和民间组织都在为此努力争取，但各地政策经常朝令夕改，资金也很难到位。我的希望是，当我们开始从一个身心统合的角度看待所有人的幸福安康时，现在这些特殊人群才能享受到的特殊练习在未来都能变得稀松平常又容易获得。

中年人，不进则退

你已经是成年人了，不需要我告诉你怎么做，但是所有的研究证据都指出在成年之后，特别是中年期，会是停止运动的最糟糕时期。身体和心智所遵循的"用进废退"特质不会比中年时期表现得更加真实了：正是在这个时期，身体开始忙于吞噬我们肌肉、骨头和大脑中的多余容量，也是在这个时期，你弃之不用的部分只会在将来更加难以修复。

并不存在什么我们都能运动起来的一劳永逸的方法，也不存在能钓起所有鱼的万能诱饵。对我管用的方法很可能对其他人毫无作用，反之亦然。但如果你按照上一章中列出的那七条要点开启了正确的运动"开关"，那你就不会错得太离谱。我们唯一都需要做的就是，意识到在你的生命里为了运动而花费时间永远都不是一件奢侈的事情，你也不是在自我放纵：运动于你而言是必需品。它会改善你的情绪，增加你的专注力从而助你更快更好地完成那些烦人的琐事，让你缓解压力、不会出现萎靡不振，提醒你自己你是谁。如果再加一点小幸运的话，运动还能助你在未来

189

有一个更加健康快乐的晚年生活。

直到我们老去

最后一个亟须运动干预的群体就是老年人。无论是从身体方面还是社交方面，都有很好的理由解释为什么老年人有多达80%的时间会伏案待着。但同时也有很好的理由解释，不管你的体能怎么样，运动都能引起身体、心理和情绪健康发生变化。像患帕金森病这种情况尤其如此，已有研究发现，舞动能减缓躯体和情绪症状。还有痴呆症也是，舞动能为这类患者带来更多舒适感、熟悉感，以及与他人产生互动共同体的感觉，而不是以往那种失落和孤独的感觉。

打太极、散步、做园艺和坐姿健身课也是增强力量、平衡感和自信的好方法。这些效果已经被反复呈现过，然而这些服务项目仍然面临资金不足的困难，太多服务都要靠着慈善基金才能继续下去了。特里·克瓦斯尼克对此远比我做得更好，他带了好几个面向老年团体的运动班——其中甚至还有霹雳舞班。"我们没有资金支持……但我觉得将运动练习带给人们至少是我能做的事情之一。"他说道。

最后，我希望我已经说服了看这本书的你，无论你现在的年龄多大，无论你现在生活得怎么样，没有什么是不能通过一次短暂而剧烈的运动休息来改善的。

现在，如果你不介意的话，我要去厨房开始我的舞会啦。

参 考 文 献

前 言

1. Hoffmann, B. , Kobel, S. , Wartha, O. , Kettner, S. , Dreyhaupt, J. , and Steinacker, J. M. , 'High sedentary time in children is not only due to screen media use: a cross-sectional study ', *BMC Pediatrics*, 2019, vol. 19 (1): 154.

2. Harvey, J. A. , Chastin, S. F. , and Skelton, D. A. , 'How sedentary are older people? A systematic review of the amount of sedentary behavior', *Journal of Aging and Physical Activity*, 2015, vol. 23 (3): 471-87.

3. Bakrania, K. , Edwardson, C. L. , Khunti, K. , Bandelow, S. , Davies, M. J. , and Yates. T. , 'Associations between sedentary behaviours and cognitive function: cross-sectional and prospective findings from the UK biobank ', *American Journal of Epidemiology*, 2018, vol. 187 (3): 441-54.

4. Colzato, L. S. , Szapora, A. , Pannekoek, J. N. , and Hommel, B. , 'The impact of physical exercise on convergent and divergent thinking', *Frontiers in Human Neuroscience*, 2013, vol. 7: 824.

5. Smith, L. , and Hamer, M. , 'Sedentary behaviour and psychosocial health across the life course', in Sedentary *Behaviour Epidemiology*, ed. Leitzmann, M. F. , Jochem, C. , and Schmid, D. , Springer Series on Epidemiology and Public Health (New York: Springer, 2017).

6. Teychenne, M. , Costigan, S. A. , and Parker K. , 'The association between sedentary behaviour and risk of anxiety: a systematic review', *BMC Public*

Health, 2015, vol. 15: 513. Zhai, L. , Zhang, Y. , and Zhang, D. , 'Sedentary behaviour and the risk of depression: a meta-analysis', *British Journal of Sports Medicine*, 2015, vol. 49 (11): 705-9.

7. Smith and Hamer, 'Sedentary behaviour and psychosocial health across the life course'.

8. Haapala, E. A. , Väistöa, J. , Lintua, N. , Westgate, K. , Ekelund, U. , Poikkeus, A. -M. , Brage, S. , and Lakka, T. A. , 'Physical activity and sedentary time in relation to academic achievement in children', *Journal of Science and Medicine in Sport*, 2017, vol. 20: 583-9.

9. Biddle, S. J. H. , Pearson, N. , Ross, G. M. , and Braithwaite, R. , 'Tracking of sedentary behaviours of young people: a systematic review', *Preventive Medicine*, 2010, vol. 51: 345-51.

10. Falck, R. S. , Davis, J. C. , and Liu-Ambrose, T. , 'What is the association between sedentary behaviour and cognitive function? A systematic review', *British Journal of Sports Medicine*, 2017, vol. 51 (10): 800-11.

11. Lynn, R. , 'Who discovered the Flynn effect? A review of early studies of the secular increase of intelligence', *Intelligence*, 2013, vol. 41 (6): 765-9.

12. Dutton, E. , der Linden, D. , and Lynn, R. , 'The negative Flynn Effect: a systematic literature review', *Intelligence*, 2016, vol. 59: 163-9.

13. Lynn, R. , 'New evidence for dysgenic fertility for intelligence in the United States', *Social Biology*, 1999, vol. 46: 146-53.

14. Rindermann, H. , and Thompson, J. , 'The cognitive competences of immigrant and native students across the world: an analysis of gaps, possible causes and impact', *Journal of Biosocial Science*, 2016, vol. 48 (1): 66-93.

15. Ng, S. W. , and Popkin, B. M. , 'Time use and physical activity: a shift away from movement across the globe', *Obesity Reviews*, 2012, vol. 13: 659-80.

16. Claxton, G. , *Intelligence in the Flesh: Why Your Mind Needs Your Body Much More Than It Thinks* (New Haven, CT: Yale University Press, 2015).

第一章

1. Llinás, R. R. , *I of the Vortex*: *From Neurons to Self* (Cambridge, MA: MIT Press, 2001).

2. Barton, R. A. , and Venditti, C. , 'Rapid evolution of the cerebellum in humans and other great apes', *Current Biology*, 2014, vol. 24: 2440-44.

3. Halsey, L. G. , 'Do animals exercise to keep fit?', *Journal of Animal Ecology*, 2016, vol. 85 (3): 614-20.

4. Lieberman, D. *The Story of the Human Body*: *Evolution, Health and Disease* (New York: Pantheon Books, 2013).

5. Raichlen, D. A. , and Alexander, G. E. , 'Adaptive capacity: an evolutionary neuroscience model linking exercise, cognition and brain health', *Trends in Neurosciences*, 2017, vol. 40 (7): 408-21.

6. Osvath, M. , 'Spontaneous planning for future stone throwing by a male chimpanzee', *Current Biology*, 2007, vol. 19 (5): 190-91.

7. Raby, C. R. , Alexis, D. M. , Dickinson, A. , and Clayton, N. S. , 'Planning for the future by western scrub-jays', *Nature*, 2007, vol. 445: 919-21.

8. Held, R. , and Hein, A. , 'Movement-produced stimulation in the development of visually guided behavior', *Journal of Comparative and Physiological Psychology*, 1967, vol. 56 (5): 872-6.

9. O' Regan, J. K. , *Why Red Doesn' t Sound like a Bell* (New York: Oxford University Press, 2011).

10. Humphrey, N. , 'Why the feeling of consciousness evolved', *Your Conscious Mind*: *Unravelling the Greatest Mystery of the Human Brain*, New Scientist Instant Expert series (London: John Murray, 2017), pp. 37-43.

11. Craig, A. D. , 'How do you? feel - now? The anterior insula and human? awareness', *Nature Reviews Neuroscience*, 2009, vol. 10 (1): 59-70.

第二章

1. http：//darwin-online. org. uk/EditorialIntroductions/vanWyhe ＿ note-books. html

2. Raichlen, D. A. , and Alexander, G. E. , 'Adaptive capacity：An evolutionary neuroscience model linking exercise, cognition and brain health', *Trends in Neurosciences*, 2017, vol. 40 (7)：408-21.

3. Raichlen, D. A. , Foster, A. D. , Gerdeman, G. L. , Seillier, A. , and Giuffrida, A. , 'Wired to run：exercise-induced endocannabinoid signaling in humans and cursorial mammals with implications for the "runner' s high"', *Journal of Experimental Biology*, 2012, vol. 215：1331-6.

4. Lee, D. Y. , Na, D. L. , Seo, S. W. , Chin, J. , Lim, S. J. , Choi, D. , Min, Y. K. , and Yoon, B. K. , 'Association between cognitive impairment and bone mineral density in postmenopausal women', *Menopause*, 2012, vol. 19 (6)：636-41.

5. Berger, J. M. , Singh, P. , Khrimian, L. , Morgan, D. A. , Chowdhury, S. , Arteaga-Solis, E. , Horvath, T. L. , Domingos, A. I. , Marsland, A. L. , Yadav, V. K. , Rahmouni, K. , Gao, X. -B. , and Karsenty, G. , 'Mediation of the acute stress response by the skeleton', *Cell Metabolism*, 2019, vol. 30：1-13.

6. https：//www. ambrosiaplasma. com

7. https：//www. fda. gov/BiologicsBloodVaccines/SafetyAvailability/ucm631374. htm

8. https：//onezero. medium. com/exclusive-ambrosia-the-young-blood-transfusion-startup-is-quietly-back-in-business-ee2b7494b417

9. Source：aabb. org (Blood FAQ：'Who donates blood?' [accessed 16 August 2020]).

10. Lakoff, G. , and Johnson, M. , *Metaphors We Live By* (Chicago, IL：Chicago University Press, 1980).

11. Miles, L. K. , Karpinska, K. , Lumsden, J. , and Macrae, C. N. , 'The me-andering mind: vection and mental time travel', *PLoS One*, 2010, vol. 5 (5): e10825.

12. Aksentijevic, A. , and Treider, J. M. G. , 'It's all in the past: decon-structing the temporal Doppler effect', *Cognition*, 2016, vol. 155: 135-45.

13. Yun, L. , Fagan, M. , Subramaniapillai, M. , Lee, Y. , Park, C. , Man-sur, R. B. , McIntyre, R. S. , Faulkner, G. E. J. , 'Are early increases in physical activity a behavioral marker for successful antidepressant treat-ment?', *Journal of Affective Disorders*, 2020, vol. 260: 287-91.

14. Michalak, J. , Troje, N. F. , Fischer, J. , Vollmar, P. , Heidenreich, T. , and Schulte, D. , 'Embodiment of sadness and depression - gait patterns as-sociated with dysphoric mood', *Psychosomatic Medicine*, 2009, vol. 71 (5): 580-87.

15. Michalak, J. , Rohde, K. , Troje, N. F. , 'How we walk affects what we re-member: gait modifications through biofeedback change negative affective memory bias', *Journal of Behavior Therapy and Experimental Psychiatry*, 2015, vol. 46: 121-5.

16. Darwin, F. , *Rustic Sounds, and Other Studies in Literature and Natural Histo-ry* (London: John Murray, 1917).

17. Dijksterhuis, A. , and Nordgren, L. F. , 'A theory of unconscious thought', *Perspectives on Psychological Science*, 2006, vol. 1 (2): 95-109.

18. Dijksterhuis, A. , 'Think different: the merits of unconscious thought in pref-erence development and decision making', *Journal of Personality and Social Psychology*, 2004, vol. 87 (5): 586-98.

19. Chrysikou, E. G. , Hamilton, R. H. , Coslett, H. B. , Datta, A. , Bikson, M. , and Thompson-Schill, S. L. , 'Noninvasive transcranial direct current stimulation over the left prefrontal cortex facilitates cognitive flexibility in tool use', *Cognitive Neuroscience*, 2013, vol. 4 (2): 81-9.

20. For a full account of this experiment see my previous book, *Override* (London: Scribe, 2017). Published in the US as *My Plastic Brain* (Buffalo, NY: Pro-metheus, 2018).

21. Oppezzo, M. , and Schwartz, D. L. , 'Give your ideas some legs: the positive effect of walking on creative thinking', *Journal of Experimental Psychology: Learning, Memory, and Cognition*, 2014, vol. 40 (4): 1142-52.

22. Plambech, T. , and Konijnendijk van den Bosch, C. C. , 'The impact of nature on creativity - a study among Danish creative professionals', *Urban Forestry & Urban Greening.* 2015, vol. 14 (2): 255-63.

23. https://www. ramblers. org. uk/advice/facts-and-stats-about-walking/participation-in-walking. aspx

24. Bloom, N. , Jones, C. I. , Van Reenen, J. , and Webb, M. , Are Ideas Getting Harder To Find? Working Paper 23782, National Bureau of Economic Research, 2017. https://www. nber. org/papers/w23782

第三章

1. Barrett Holloway, J. , Beuter, A. , and Duda, J. L. , 'Self-efficacy and training for strength in adolescent girls', *Journal of Applied Social Psychology*, 1988, vol. 18 (8): 699-719.

2. Fain, E. , and Weatherford, C. , 'Comparative study of millennials' (age 20-34 years) grip and lateral pinch with the norms', *Journal of Hand Therapy*, 2016, vol. 29 (4): 483-8.

3. Sandercock, G. R. H. , and Cohen, D. D. , 'Temporal trends in muscular fitness of English 10-year-olds 1998-2014: an allometric approach', *Journal of Science and Medicine in Sport*, 2019, vol. 22 (2): 201-5.

4. https://www. ncbi. nlm. nih. gov/pmc/articles/PMC5068479/

5. Damasio, A. , *The Feeling of What Happens: Body, Emotion and the Making of Consciousness* (London: Vintage, 2000), p. 150.

6. Barrett, L. , *Beyond the Brain: How Body and Environment Shape Animal and Human Minds* (Princeton, NJ: Princeton University Press, 2011), p. 176.

7. Damasio, *The Feeling of What Happens.*

8. Alloway, R. G. , and Packiam Alloway, T. , 'The working memory benefits of

proprioceptively demanding training: a pilot study', *Perceptual and Motor Skills*, 2015, vol. 120 (3): 766-75.

9. Van Tulleken, C. , Tipton, M. , Massey, H. , and Harper, C. M. , 'Open water swimming as a treatment for major depressive disorder', *BMJ Case Reports* 2018, article 225007.

10. O' Connor, P. J. , Herring, M. P. , and Caravalho, A. , 'Mental health benefits of strength training in adults', *American Journal of Lifestyle Medicine*, 2010, vol. 4 (5): 377-96.

11. Roach, N. T. , and Lieberman, D. E. , 'Upper body contributions to power generation during rapid, overhand throwing in humans', *Journal of Experimental Biology*, 2014, vol. 217: 2139-49.

12. https: //youtu. be/HUPeJTs3JXw? t = 2585 The crouch-somersault crouch segment happens at 43. 05 mins.

13. Schleip, R. , and Müller, D. G. , 'Training principles for fascial connective tissues: scientific foundation and suggested practical applications', *Journal of Bodywork and Movement Therapies*, 2013, vol. 17 (1): 103-15.

14. Bond, M. M. , Lloyd, R. , Braun, R. A. , and Eldridge, J. A. , 'Measurement of strength gains using a fascial system exercise program', *International Journal of Exercise Science*, 2019, vol. 12 (1): 825-38.

15. https: //uk. news. yahoo. com/brutal-martial-art-saved-complex-114950334. html.

16. Van der Kolk, B. A. , and Fisler, R. , 'Dissociation and the fragmentary nature of traumatic memories: overview and exploratory study', *Journal of Traumatic Stress*, 1995, vol. 8 (4): 505-25.

17. Janet, P. , *Psychological Healing: A Historical and Clinical Study* (London: Allen and Unwin, 1925).

18. Rosenbaum, S. , Sherrington, C. , and Tiedemann, A. , 'Exercise augmentation compared with usual care for post? traumatic stress disorder: a randomized controlled trial', *Acta psychiatrica scandinavica*, 2015, vol. 131 (5): 350-59; Rosenbaum, S. , Vancampfort, D. , Steel, Z. , Newby, J. , Ward, P. B. , and Stubbs, B. , 'Physical activity in the treatment of post-traumatic stress disorder: a systematic review and meta-analysis', *Psychiatry*

Research, 2015, vol. 230 (2): 130-36.

19. Gene-Cos, N. , Fisher, J. , Ogden, P. , and Cantrell, A. , 'Sensorimotor psychotherapy group therapy in the treatment of complex PTSD', *Annals of Psychiatry and Mental Health*, 2016, vol. 4 (6): 1080.

20. Ratey, J. , and Hagerman, E. , *Spark! How Exercise Will Improve the Performance of Your Brain* (London: Quercus, 2008), p. 107.

21. Mukherjee, S. , Clouston, S. , Kotov, R. , Bromet, E. , and Luft, B. , 'Handgrip strength of World Trade Center (WTC) responders: the role of re-experiencing posttraumatic stress disorder (PTSD) symptoms', *International Journal of Environmental Research and Public Health*, 2019, vol. 16 (7): 1128.

22. Clouston, S. A. P. , Guralnik, J. , Kotov, R. , Bromet, E. , and Luft, B. J. , 'Functional limitations among responders to the World Trade Center attacks 14 years after the disaster: implications of chronic posttraumatic stress disorder', *Journal of Traumatic Stress*, 2017, vol. 30 (5): 443-52.

第四章

1. Phillips-Silver, J. , Aktipis, C. A. , and Bryant, G. A. , 'The ecology of en-trainment: foundations of coordinated rhythmic movement', *Music Perception*, 2010, vol. 28 (1): 3-14.

2. Source: https://www. statista. com/statistics/756629/dance-step-and-other-choreographed-exercise-participants-us/#statisticContainer

3. Aviva UK Health Check Report, spring 2014.

4. Hanna, J. L. , 'Dancing: a nonverbal language for imagining and learning', *Encyclopedia of the Sciences of Learning*, ed. Seel, N. M. (Boston, MA: Springer, 2012).

5. Neave, N. , McCarty, K. , Freynik, J. , Caplan, N. , Hönekopp, J. , and Fink, B. , 'Male dance moves that catch a woman's eye', *Biology Letters*, 2011, vol. 7 (2), 221-4.

6. At the rock shelters of Bhimbetka in central India.

7. Winkler, I. , Háden, G. P. , Ladinig, O. , Sziller, I. , and Honing, H. , 'Newborn infants detect the beat in music', *PNAS*, 2009, vol. 106 (7): 2468-71.

8. Lewis, C. , and Lovatt, P. J. , 'Breaking away from set patterns of thinking: improvisation and divergent thinking', *Thinking Skills and Creativity*, 2013, vol. 9: 46-58.

9. Gebauer, L. , Kringelbach, M. L. , and Vuust, P. , 'Everchanging cycles of musical pleasure: the role of dopamine and anticipation', *Psychomusicology: Music, Mind, and Brain*, 2012, vol. 22 (2): 152-67.

10. Bengtsson, S. L. , Ullén, F. , Ehrsson, H. H. , Hashimoto, T. , Kito, T. , Naito, E. , Forssberg, H. , and Sadato, N. , 'Listening to rhythms activates motor and premotor cortices', *Cortex*, 2009, vol. 45 (1): 62-71.

11. MacDougall, H. , and Moore, S. , 'Marching to the beat of the same drummer: the spontaneous tempo of human locomotion', *Journal of Applied Physiology*, 2005, vol. 99: 1164.

12. Moelants, D. , 'Preferred tempo reconsidered', *Proceedings of the 7th International Conference on Music and Cognition*, ed. Stevens, C. , Burnham, D. , McPherson, G. , Schubert, E. , and Renwick, J. (Adelaide: Causal Productions, 2002).

13. Fitch, W. T. , 'The biology and evolution of rhythm: unravelling a paradox', *Language and Music as Cognitive Systems*, ed. Rebuschat, P. , Rohmeier, M. , Hawkins, J. A. , and Cross, I. (Oxford: Oxford University Press, 2011).

14. Patel, A. D. , Iversen, J. R. , Bregman, M. R. , and Schulz, I. , 'Experimental evidence for synchronization to a musical beat in a nonhuman animal', *Current Biology*, 2008, vol. 19 (10): 827-30. Snowball, the dancing cockatoo: https: //www. youtube. com/watch? v = N7IZmRnAo6s

15. Tarr, B. , Launay, J. , and Dunbar, R. I. M. , 'Music and social bonding: 'self-other' merging and neurohormonal mechanisms', *Frontiers in Psychology*, 2014, vol. 5: 1096.

16. McNeill, W. H. , *Keeping Together in Time: Dance and Drill in Human History* (*Cambridge, MA: Harvard University Press*, 1995).

17. Cirelli, L. , Wan, S. J. , and Trainor, L. J. , 'Fourteen-month-old infants use interpersonal synchrony as a cue to direct helpfulness', *Philosophical Transactions of the Royal Society*, *B*, 2014, vol. 369 (1658).

18. Janata, P. , Tomic, S. T. , and Haberman, J. M. , 'Sensorimotor coupling in music and the psychology of the groove', *Journal of Experimental Psychology*, 2012, vol. 141: 54.

19. Honkalampi, K. , Koivumaa-Honkanen, H. , Tanskanen, A. , Hintikka, J. , Lehtonen, J. , and Viinamäki, H. , 'Why do alexithymic features appear to be stable? A 12-month follow-up study of a general population', *Psychotherapy and Psychosomatics*, 2001, vol. 70: 247.

20. Di Tella, M. , and Castelli, L. , 'Alexithymia and fibromyalgia: clinical evidence', *Frontiers in Psychology*, 2013, vol. 4: 909.

21. Jeong, Y. , and Hong, S. , 'Dance movement therapy improves emotional responses and modulates neurohormones in adolescents with mild depression', *International Journal of Neuroscience*, 2005, vol. 115: 1711.

22. Bojner Horwitz, E. , Lennartsson, A-K, Theorell, T. P. G. , and Ullén, F. , 'Engagement in dance is associated with emotional competence in interplay with others', *Frontiers in Psychology*, 2015, vol. 6, article 1096.

23. Campion, M. , and Levita, L. , 'Enhancing positive affect and divergent thinking abilities: play some music and dance', *Journal of Positive Psychology*, 2013, vol. 9: 137.

24. Spoor, F. , Wood, B. , and Zonneveld, F. , 'Implications of early hominid labyrinthine morphology for evolution of human bipedal locomotion', *Nature*, 1994, vol. 23: 645.

25. Todd, N. , and Cody, F. , 'Vestibular responses to loud dance music: a physiological basis of the "rock and roll threshold"?', *Journal of the Acoustic Society of America*, 2000, vol. 107: 496.

26. Todd, N. , and Lee, C. , 'The sensory-motor theory of rhythm and beat induction 20 years on: a new synthesis and future perspectives', *Frontiers in*

Human Neuroscience, 2015, vol. 9, article 444.

第五章

1. Pilates, J., and Miller, J. M., *Return to Life through Contrology* (New York: J. J. Augustin, 1945).

2. Middleton, F. A., and Strick, P. L., 'Anatomical evidence for cerebellar and basal ganglia involvement in higher cognitive function', *Science* 1994, vol. 266: 458-61.

3. Tallon-Baudry, C., Campana, F., Park, H. D., and Babo-Rebelo, M., 'The neural monitoring of visceral inputs, rather than attention, accounts for first-person perspective in conscious vision', *Cortex*, 2018, vol. 102: 139-49.

4. Stoffregen, T. A., Pagulayan, R. J., Bardy, B. B., and Hettinger, L. J., 'Modulating postural control to facilitate visual performance', *Human Movement Science*, 2000, vol. 19 (2): 203-20.

5. From WHO: https: //www. who. int/news-room/fact-sheets/detail/falls

6. Balogun, J. A., Akindele, K. A., Nihinlola, J. O., and Marzouk, D. K., 'Age-related changes in balance performance', *Disability and Rehabilitation*, 1994, vol. 16 (2): 58-62.

7. Wayne, P. M., Hausdorff, J. M., Lough, M., Gow, B. J., Lipsitz Novak, L. V., Macklin, E. A., Peng, C. -K., and Manor, B., 'Tai chi training may reduce dual task gait variability, a potential mediator of fall risk, in healthy older adults: cross-sectional and randomized trial studies', *Frontiers in Human Neuroscience*, 2015, vol. 9: 332.

8. Feldman, R., Schreiber, S., Pick, C. G., and Been, E., 'Gait, balance and posture in major mental illnesses: depression, anxiety and schizophrenia', *Austin Medical Sciences*, 2020, vol. 5 (1): 1039.

9. Carney, D. R., Cuddy, A. J., and Yap, A. J., 'Power posing: brief nonverbal displays affect neuroendocrine levels and risk tolerance', *Psychological Science*, 2010, vol. 21 (10): 1363-8.

10. https：//faculty. haas. berkeley. edu/dana_ carney/pdf_ My% 20position% 200n% 20power% 20poses. pdf

11. Jones, K. J. , Cesario, J. , Alger, M. , Bailey, A. H. , Bombari, D. , Carney, D. , Dovidio, J. F. , Duffy, S. , Harder, J. A. , van Huistee, D. , Jackson, B. , Johnson, D. J. , Keller, V. N. , Klaschinski, L. , LaBelle, O. , LaFrance, M. , Latu, I. M. , Morssinkhoff, M. , Nault, K. , Pardal, V. , Pulfrey, C. , Rohleder, N. , Ronay, N. , Richman, L. S. , Schmid Mast, M. , Schnabel, K. , Schröder-Abé, M. , and Tybur, J. M. Power poses - where do we stand?', *Comprehensive Results in Social Psychology*, 2017, vol. 2 (1): 139-41.

12. Osypiuk, K. , Thompson, E. , and Wayne, P. M. , 'Can tai chi and qigong postures shape our mood? Toward an embodied cognition framework for mind-body research', *Frontiers in Human Neuroscience*, 2018, vol. 12, article 174; https：//www. ncbi. nlm. nih. gov/pmc/articles/PMC5938610/pdf/fnhum-12-00174. pdf.

13. Kraft, T. L. , and Pressman, S. D. , 'Grin and bear it: the influence of manipulated facial expression on the stress response', *Psychological Science*, 2012, vol. 23 (11): 1372-8.

14. Wagner, H. , Rehmes, U. , Kohle, D. , and Puta, C. , 'Laughing: a demanding exercise for trunk muscles', *Journal of Motor Behaviour*, 2014, vol. 46 (1): 33-7.

15. Weinberg, M. K. , Hammond, T. G. , and Cummins, R. A. , 'The impact of laughter yoga on subjective well-being: a pilot study', *European Journal of Humour Research*, 2014, vol. 1 (4): 25-34.

16. Bressington, D. , Mui, J. , Yu, C. , Leung, S. F. , Cheung, K. , Wu, C. S. T. , Bollard, M. , and Chien, W. T. , 'Feasibility of a group-based laughter yoga intervention as an adjunctive treatment for residual symptoms of depression, anxiety and stress in people with depression', *Journal of Affective Disorders*, 2019, vol. 248: 42-51.

17. Schumann, D. , Anheyer, D. , Lauche, R. , Dobos, G. , Langhorst, J. , and Cramer, H. , 'Effect of yoga in the therapy of irritable bowel syndrome: a

systematic review', *Clinical Gastroenterology and Hepatology*, 2016 vol. 14 (12): 1720-31.

18. Liposcki, D. B., da Silva Nagata, I. F., Silvano, G. A., Zanella, K., and Schneider, R. H., 'Influence of a Pilates exercise program on the quality of life of sedentary elderly people: a randomized clinical trial', *Journal of Bodywork and Movement Therapies*, 2019, vol. 23 (2): 390-93.

第六章

1. Langevin, H. M., and Yandrow, J. A., 'Relationship of acupuncture points and meridians to connective tissue planes', *The Anatomical Record*, 2002, vol. 269: 257-65.

2. Eyckmans, J., Boudou, T., Yu, X., and Chen, C. S., 'A hitchhiker's guide to mechanobiology', *Developmental Cell*, 2011, vol. 21 (1): 35-47.

3. Langevin, H. M., Bouffard, N. A., Badger, G. J., Churchill, D. L., and Howe, A. K., 'Subcutaneous tissue fibroblast cytoskeletal remodeling induced by acupuncture: evidence for a mechanotransduction-based mechanism', *Journal of Cellular Physiology*, 2006, vol. 207 (3): 767-74.

4. Di Virgilio, F., and Veurich, M., 'Purinergic signaling in the immune system', *Autonomic Neuroscience*, 2015, vol. 191: 117-23. See also: Dou, L., Chen, Y. F., Cowan, P. J., and Chen, X. P., 'Extracellular ATP signaling and clinical relevance', *Clinical Immunology*, 2018, vol. 188: 67-73.

5. Liu, Y. Z., Wang, Y. X., and Jiang, C. L., 'Inflammation: the common pathway of stress-related diseases', *Frontiers in Human Neuroscience*, 2017, vol. 11: 316.

6. Falconer, C. L., Cooper, A. R., Walhin, J. P., Thompson, D., Page, A. S., Peters, T. J., Montgomery, A. A., Sharp, D. J., Dayan, C. M., and Andrews, R. C., 'Sedentary time and markers of inflammation in people with newly diagnosed type 2 diabetes', *Nutrition, Metabolism and Cardiovascular Diseases*, 2014, vol. 24 (9): 956-62.

7. Franceschi, C. , Garagnani, P. , Parini, P. , Giuliani, C. , and Santoro, A. , 'Inflammaging: a new immune-metabolic viewpoint for age-related diseases', *Nature Reviews Endocrinology*, 2018, vol. 14 (10): 576-90.

8. Kiecolt-Glaser, J. K. , Christian, L. , Preston, H. , Houts, C. R. , Malarkey, W. B. , Emery, C. F. , and Glaser, R. , 'Stress, inflammation, and yoga practice', *Psychosomatic Medicine*, 2010, vol. 72 (2): 113-21.

9. Berrueta, L. , Muskaj, I. , Olenich, S. , Butler, T. , Badger, G. J. , Colas, R. A. , Spite, M. , Serhan C. N. , and Langevin, H. M. , 'Stretching impacts inflammation resolution in connective tissue', *Journal of Cell Physiology*, 2016, vol. 231 (7): 1621-7.

10. Serhan, C. N. , and Levy, B. D. , 'Resolvins in inflammation: emergence of the pro-resolving superfamily of mediators', *Journal of Clinical Investigation*, 2018, vol. 128 (7): 2657-69.

11. Benias, P. C. , Wells, R. G. , Sackey-Aboagye, B. , Klavan, H. , Reidy, J. , Buonocore, D. , Miranda, M. , Kornacki, S. , Wayne, M. , Carr-Locke, D. L. , and Theise, N. D. , 'Structure and distribution of an unrecognized interstitium in human tissues', *Scientific Reports*, 2018, vol. 8 (1): 4947.

12. https://www. researchgate. net/blog/post/interstitium

13. Panchik, D. , Masco, S. , Zinnikas, P. , Hillriegel, B. , Lauder, T. , Suttmann, E. , Chinchilli, V. , McBeth, M. , and Hermann, W. , 'Effect of exercise on breast cancer-related lymphedema: what the lymphatic surgeon needs to know', *Journal of Reconstructive Microsurgery*, 2019, vol. 35 (1): 37-45.

14. If you want to know if you' re hypermobile, do the test here: https://www. ehlers-danlos. com/assessing-joint-hypermobility/

15. Eccles, J. A. , Beacher, F. D. , Gray, M. A. , Jones, C. L. , Minati, L. , Harrison, N. A. , and Critchley, H. D. , 'Brain structure and joint hypermobility: relevance to the expression of psychiatric symptoms', *British Journal of Psychiatry*, 2012, vol. 200 (6): 508-9.

16. Mallorquí-Bagué, N. , Garfinkel, S. N. , Engels, M. , Eccles, J. A. , Pailhez, G. , Bulbena, A. , Critchley, H. D. , 'Neuroimaging and psychophysiological investigation of the link between anxiety, enhanced affective reactivity

and interoception in people with joint hypermobility', *Frontiers in Psychology*, 2014, vol. 5: 1162.

17. https://www.medrxiv.org/content/10.1101/19006320v1

18. Mahler, K. *Interoception, the Eighth Sensory System* (Shawnee, KS: AAPC Publishing, 2016).

第七章

1. Iyengar, B. K. S., *Astadala Yogamala*, vol. 2 (New Delhi: Allied Publishers, 2000), p. 37.

2. There are a few examples of basic breath control in human-raised apes, including Koko the gorilla, who learned to play the harmonica and recorder, plus a captive orang-utan named Bonnie who worked out how to whistle by copying her keepers. Neither showed any ambitions for world domination, however. See: Perlman, M., Patterson, F. G., and Cohn, R. H., 'The human-fostered gorilla Koko shows breath control in play with wind instruments', *Biolinguistics*, 2012, vol. 6 (3-4): 433-44.

3. Li, P., Janczewski, W. A., Yackle, K., Kam, K., Pagliardini, S., Krasnow, M. A., and Eldman, J. L., 'The peptidergic control circuit for sighing', *Nature*, 2016, vol. 530 (7590): 293-7.

4. Vlemincx, E., Van Diest, I., Lehrer, P. M., Aubert, A. E., and Van den Bergh, O., 'Respiratory variability preceding and following sighs: a resetter hypothesis', *Biological Psychology*, 2010, vol. 84 (1): 82-7.

5. MacLarnon, A. M., and Hewitt, G. P., 'The evolution of human speech: the role of enhanced breathing control', *American Journal of Physical Anthropology*, 1999, vol. 109 (3): 341-63.

6. Heck, D. H., McAfee, S. S., Liu, Y., Babajani-Feremi, A., Rezaie, R., Freeman, W. J., Wheless, J. W., Papanicolaou, A. C., Ruszinkó, M., Sokolov, Y., and Kozma, R., 'Breathing as a fundamental rhythm of brain function', *Frontiers in Neural Circuits*, 2017, vol. 10: 115. Tort, A. B. L.,

Brankäk, J. , and Draguhn, A. Respiration-entrained brain rhythms are global but often overlooked. *Trends in Neurosciences*, 2018, vol. 41 （4）: 186-97.

7. Arshamian, A. , Iravani, B. , Majid, A. , and Lundström, J. N. , 'Respiration modulates olfactory memory consolidation in humans', *The Journal of Neuroscience*. 2018, vol. 38 （48）: 10286-94.

8. Zaccaro, A. , Piarulli, A. , Laurino, M. , Garbella, E. , Menicucci, D. , Neri, B. , and Gemignani, A. , 'How breath-control can change your life: a systematic review on psycho-physiological correlates of slow breathing', *Frontiers in Human Neuroscience*, 2018, vol. 7 （12）: 353.

9. Bernardi, L. , Sleight, P. , Bandinelli, G. , Cencetti, S. , Fattorini, L. , Wdowczyc-Szulc, J. , and Lagi, A. , 'Effect of rosary prayer and yoga mantras on autonomic cardiovascular rhythms: comparative study', *BMJ*, 2001, vol. 323 （7327）: 1446-9.

10. Bernardi, L. , Spadacini, G. , Bellwon, J. , Hajric, R. , Roskamm, H. , and Frey, A. W. , 'Effect of breathing rate on oxygen saturation and exercise performance in chronic heart failure', *Lancet*, 1998, vol. 351 （9112）: 1308-11.

11. Chung, S. C. , Kwon, J. H. , Lee, H. W. , Tack, G. R. , Lee, B. , Yi, J. H. , and Lee, S. Y. , 'Effects of high concentration oxygen administration on n-back task performance and physiological signals', *Physiological Measurement*, 2007, vol. 28 （4）: 389-96.

12. Noble, D. J. , and Hochman, S. , 'Hypothesis: pulmonary afferent activity patterns during slow, deep breathing contribute to the neural induction of physiological relaxation', *Frontiers in Physiology*, 2019, vol. 13 （10）: 1176.

13. Yasuma, F. , and Hayano, J. , 'Respiratory sinus arrhythmia: why does the heartbeat synchronize with respiratory rhythm?', *Chest*, 2004, vol. 125 （2）: 683-90.

14. Payne, P. , and Crane-Godreau, M. A. , 'Meditative movement for depression and anxiety', *Frontiers in Psychiatry*, 2013, vol. 4, article 71.

第八章

1. Often misattributed to Banksy.

2. Khan, Z., and Bollu, P. C., 'Fatal familial insomnia', *StatPearls* (Treasure Island, FL: StatPearls Publishing, 2020).

3. Fultz, N. E., Bonmassar, G., Setsompop, K., Stickgold, R. A., Rosen, B. R., Polimeni, J. R., and Lewis, L. D., 'Coupled electrophysiological, hemodynamic, and cerebrospinal fluid oscillations in human sleep', *Science*, 2019, vol. 366 (6465): 628-31.

4. Besedovsky, L., Lange, T., and Born, J., 'Sleep and immune function', *Pflugers Arch.*, 2012, vol. 463 (1): 121-37.

5. Recommended amount of sleep for a healthy adult: a joint consensus statement of the American Academy of Sleep Medicine and Sleep Research Society, *Sleep*, 2015, vol. 38 (6): 843-4.

6. Hammond, C., and Lewis, G., 'The rest test: preliminary findings from a large-scale international survey on rest', *The Restless Compendium: Interdisciplinary Investigations of Rest and Its Opposites*, ed. Callard, F., Staines, K., and Wilkes, J. (London: Palgrave Macmillan, 2016).

7. Hammond, C., *The Art of Rest: How to Find Respite in the Modern Age* (Edinburgh: Canongate, 2019).

总 结

1. Pontzer, H., Raichlen, D. A., Wood, B. M., Mabulla, A. Z. P., Racette, B., and Marlowe, F. W., 'Hunter-gatherer energetics and human obesity', *PLoS One*, 2012, vol. 7 (7): e40503.

2. Reid, G., 'Disentangling what we know about microbes and mental health', *Frontiers in Endocrinology*, 2019, vol. 10: 81.

3. Williams, C. , 'How to trick your mind to break bad habits and reach your goals', *New Scientist*, 24 July 2019.

4. Diaz, K. M. , Howard, V. J. , Hutto, B. , Colabianchi, N. , Vena, J. E. , Safford, M. M. , Blair, S. N. , and Hooker, S. P. , 'Patterns of sedentary behavior and mortality in U. S. middle-aged and older adults: a national cohort study', *Annals of Internal Medicine*, 2017, vol. 167 (7): 465-75.

写在最后

1. Flook, L. , Goldberg, S. B. , Pinger, L. , and Davidson, R. J. , 'Promoting prosocial behavior and self-regulatory skills in preschool children through a mindfulness-based kindness curriculum', *Developmental Psychology*, 2015, vol. 51 (1): 44-51.

2. https: //www. education-ni. gov. uk/articles/statutory-curriculum#toc-2

3. Booth, J. N. , Chesham, R. A. , Brooks, N. E. , Gorely, T. , and Moran, C. N. , 'A citizen science study of short physical activity breaks at school: improvements in cognition and well-being with self-paced activity', *BMC Medicine*, 2020, vol. 18 (1): 62.

4. https: //www. cdc. gov/healthyschools/physicalactivity/pdf/Recess _ Data _ Brief_ CDC_ Logo_ FINAL_ 191106. pdf

5. https: //www. cdc. gov/healthyschools/physicalactivity/pdf/Recess _ All _ Students. pdf

6. https: //www. ucl. ac. uk/ioe/news/2019/may/break-time-cuts-could-be-harming-childrens-development

致　　谢

想写这本书的念头源自我漫长而沉闷的一次遛狗。本书能够不断成型并最终得以落实还要感谢很多人，他们愿意聆听我那些不着边际的碎碎念，愿意把自己的知识和经验分享给我，并且鼓励我在这个选题上深耕下去。我要特别感谢我的经纪人 Peter Tallack，他从一开始就为本书制定了关键性方针，并坚定地支持成书出版问世。

我还要感谢我的编辑团队，他们是 Profile 出版社的 Ed Lake 以及 Hanover Square 出版社的 John Glynn，两位从始至终都给予我巨大的热忱和支持，提供了远超我预想的帮助，使我有信心写就此书。也要感谢 Matthew Taylor 在梳理那些乱糟糟的书稿时还能对我温柔以待。

如果没有以下这些科学家们慷慨地拿出自己的宝贵时间向我介绍并解释他们的工作内容，我这本书也就没什么可写的了。在此我要衷心感谢 Peter Strick、Peter Wayne、Eric Kandel、Gerard Karsenty 和 Rebecca Barnstaple，他们邀请我进入实验室和办公场所，对我毫不吝啬自己的时间和专业知识。我还要感谢 Helene Langevin、Dennis Muñoz-Vergara、Dick Greene、Peter Lovatt、David Raichlen、Hugo Critchley、Jessica Eccles、Neil Todd、Petr

Janata、Micah Allen、Richard Dunn、David Levinthal 和 Elizabeth Broadbent，与他们的谈话既让人着迷又发人深省。

同样要感谢的还有那些鼓舞人心的民众，他们不仅与我分享了自己的故事和经历，而且做了很多不可思议的工作去帮助人们意识到运动可以改变生活。Marcus Scotney、Terry Kvasnik、Jerome Rattoni、Sharath Jois、Hamish Hendry、Andy Milne、Dale Youth 拳击俱乐部和 Kevin Edward Turner，以及他那支棒棒的舞动团体——我要谢谢你们所有人——大家再接再厉！

最后，我要把爱和感激留给我的家人和朋友，感谢你们对我的包容，你们只在确定了我进展顺利后，才会问我一句："书写得怎么样了？"感谢 Anna、Will 和 George 在波士顿的时候接待我（再一次！），感谢 Iain 和 Jess 在纽约期间对我的照顾。最最后，感谢我最爱的三个小机灵鬼 Jon、Sam 和 Jango，你们能动起来就绝不会坐着，谢谢你们把我从书桌前强拉起来陪你们出去玩耍，哪怕是在我不想被打扰的时候。准确地说，是你们让我一直运动下去的，没有你们我将一事无成。